AF636593

Josephine Kirsch

Makramee

FÜR ANFÄNGER

DAS STEP-BY-STEP EINSTEIGERBUCH

Inhalt

Vorwort

Es führt kein Weg an der orientalischen Knotenkunst Makramee vorbei, egal ob im Einrichtungshaus, auf Social Media oder der Hochzeit der besten Freundin. Makramee ist seit Jahren allgegenwärtig. Oft können die großen Wandbehänge oder schönen geknoteten Muster kompliziert aussehen. Doch Makramee kann spielend leicht erlernt werden. Genau deswegen habe ich in diesem Buch verschiedene Projekte zusammengestellt, mit denen Sie einen einfachen Einstieg in die schöne Knotenkunst finden. Sie erwarten Projekte von Accessoires über Blumenampeln bis hin zu Wandbehängen.

Angefangen mit einfacheren Projekten, baut sich das Buch zu komplexeren Projekten auf und führt Sie Knoten für Knoten und Schritt für Schritt ans Ziel.

Viel Spaß mit diesem Buch wünscht Ihnen

Josephine Kirsch

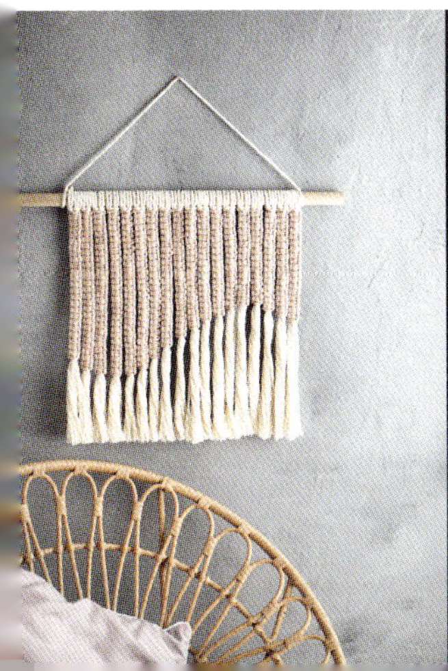
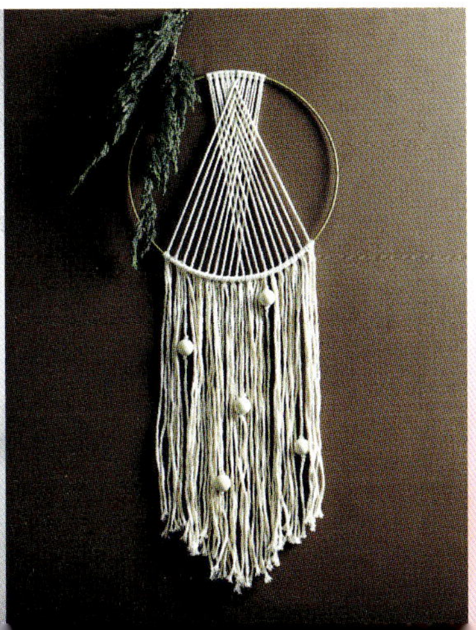
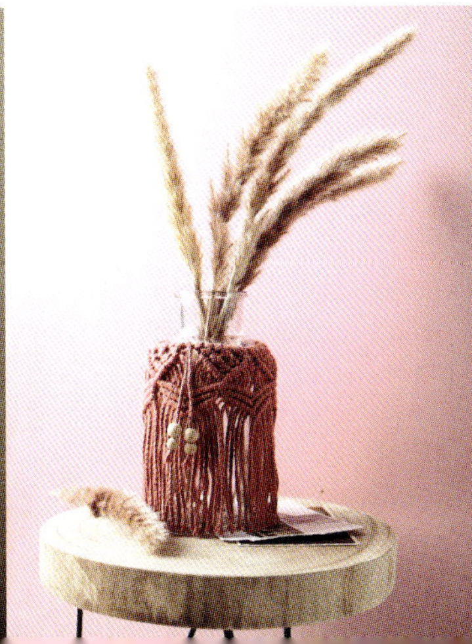
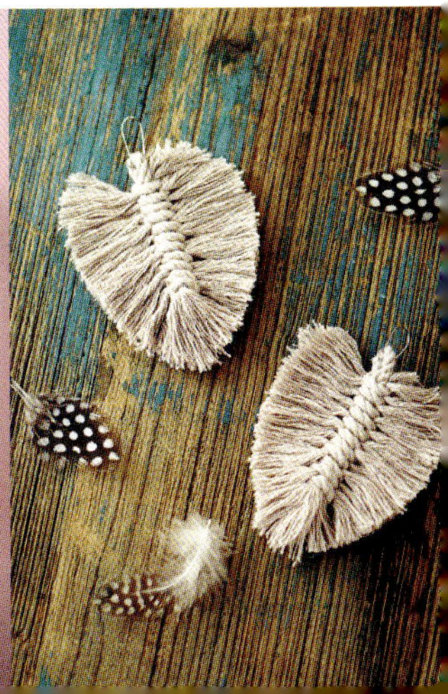

Materialkunde

Garne sind sehr verschieden und unterscheiden sich je nach Material und Herstellungsprozess. Verschiedene Garne eignen sich für unterschiedliche Projekte und Vorlieben. Außerdem können Sie je nach Herstellungsprozess auch unterschiedlich leicht verarbeitet werden.

Zum Großteil kommen beim Knoten von Makramee Baumwollgarne zum Einsatz. Alternativ können Sie aber auch andere Naturgarne ausprobieren, wie z. B. Hanf- oder Jutegarne.

Je nachdem wie das Garn hergestellt wird, unterscheidet man zwischen geflochtenen und gezwirnten Garnen. Letztere gibt es als einfach und mehrfach gezwirnte Garne. Geflochtene Garne neigen weniger dazu, sich aufzudrehen als gezwirnte Garne.

Mit der Zeit entwickelt aber jeder seine eigenen Vorlieben. Probieren Sie am besten verschiedene Garne aus, um die unterschiedlichen Eigenschaften kennenzulernen.

GEZWIRNTES GARN

Bei gezwirnten Garnen sind die einzelnen Fasern ineinander verdreht. Man unterscheidet zwischen einfach und mehrfach gezwirnten Garnen. Bei einfach gezwirnten Garnen werden mehrere Fasern nur einmal miteinander gezwirnt, weswegen sie auch stärker dazu neigen, sich aufzudrehen, wohingegen bei mehrfach gezwirnten Garnen die Fasern zu mehreren Strängen gezwirnt und anschließend die Stränge ineinander verdreht werden, sodass sich diese Garne zwar auch aufdrehen, aber nicht so stark.

Ist das Ausfransen der Enden gewünscht, greift man zu solch gezwirntem Garn. Dieses Garn ist aber unter Umständen auch schwieriger zu verarbeiten, da sich die einzelnen Fasern leicht verknoten und herauslösen können, sodass ein ungleichmäßiges Knotenbild entsteht.

Außerdem neigen flächig aufgekämmte gezwirnte Garne dazu, sich nach einiger Zeit wieder zurückzudrehen, sodass die Fransen immer wieder nachträglich in Form gekämmt werden müssen. Dem kann man aber mit Fixiermitteln, wie z. B. Haarspray, entgegenwirken.

Da sich mehrfach gezwirnte Garne weniger stark aufdrehen, sind sie besser für Anfänger geeignet.

GEFLOCHTENES GARN

Bei geflochtenen Garnen sind dünne Stränge aus Fasern ineinander verflochten, wodurch sich diese Sorte Garn nicht aufdrehen, sondern nur ausfransen kann.

Durch das nur minimale Ausfransen der Fäden beim Knoten ist dieses Garn sehr gut für Anfänger geeignet. Außerdem erhält man ein gleichmäßiges Knotenbild, dadurch dass sich seltener einzelne Fasern lösen.

Auch wenn geflochtene Garne schwerer aufzukämmen sind, eignen sie sich vor allem für flächiges Ausfransen besser, da sich die Fasern tendenziell weniger in ihre alte Form zurückdrehen.

Geflochtene Garne sind aufgrund ihrer Beschaffenheit etwas elastischer als gezwirnte Garne. Diese Besonderheit von geflochtenem Garn sollte man beim Zuschneiden der Fäden berücksichtigen. Daher sollten Sie beim Zuschneiden darauf achten, das Garn nicht zu straff zu halten, da Sie sonst Ihr Garn kürzer zuschneiden, als gewünscht.

HILFSMITTEL

Es gibt ein paar Hilfsmittel, die einem beim Knoten schöner Makramee-Projekte das Leben erleichtern. Zusätzlich zu den hier näher erläuterten Hilfsmitteln, benötigen Sie ein Maßband.

Schere

Eines der wichtigsten Hilfsmittel ist eine scharfe Schere. Wenn Sie gerade Ihre ersten Makramee-Kunstwerke knoten, reicht eine scharfe Bastelschere. Sollten Sie an dieser Technik Gefallen gefunden haben, empfehle ich eine Stoffschere zu verwenden, die erfahrungsgemäß teurer sind als Bastelscheren. Wichtig ist, dass Sie Ihre Stoffschere pflegen und damit wirklich nur Stoffe und Garne zuschneiden, damit sie auch lange scharf bleibt.

Kreppklebeband

Kreppklebeband (Malerkrepp) ist ein Allrounder und mein täglicher Begleiter beim Knoten. Sie können natürlich auch normales Klebeband verwenden, allerdings hat Kreppklebeband einen entscheidenden Vorteil zu regulärem Klebeband: Kreppklebeband lässt sich nämlich leicht und ohne Rückstände entfernen und man kann es reißen, anstatt es zuschneiden zu müssen.

Es eignet sich z. B. auch zum Befestigen des Trägermediums beim Knoten, sei es ein Ring, Ast/Holzstab, Garn oder Karabiner. Außerdem ist es eine große Hilfe beim Knoten mit gezwirnten Garnen, die sich gerne beim Knoten stark aufdrehen und beim Auffädeln von Perlen, da das Garn häufig dicker als das Perlenloch ist.

Kamm/Bürste

Bei Makramee werden Fadenenden als Finish gerne aufgekämmt. Je nachdem mit welchem Garn man geknotet hat, kann es ganz leicht von der Hand gehen oder etwas Zeit in Anspruch nehmen.

Bei gezwirnten Garnen reicht normalerweise ein Kamm. Bei geflochtenen Garnen eignet sich je nach Länge der Enden eine Tierhaarbürste mit Metallborsten noch besser.

Kleiderstange

Eine Kleiderstange lohnt sich vor allem, wenn Sie Gefallen an Makramee gefunden haben und auch in Zukunft weitere Projekte anfertigen möchten.

An einer Kleiderstange können Sie vor allem größere Projekte an S-Haken hängen, um so komfortabel und rückenfreundlich knoten zu können.

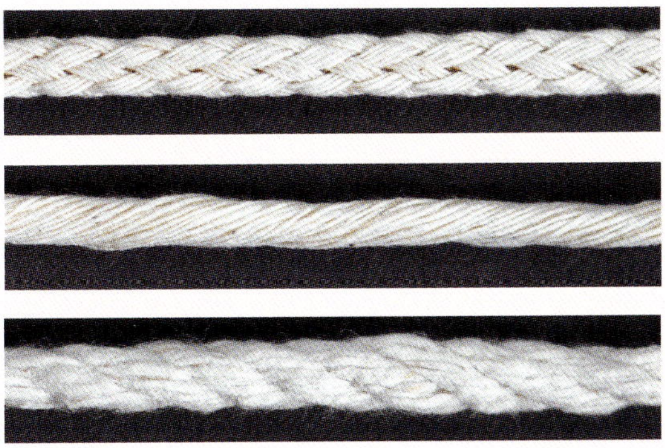

Tipps zum Start

BEFESTIGUNG ZUM KNOTEN

Es gibt verschiedene Möglichkeiten, das Makramee-Garn zum Knoten zu befestigen, damit Sie genügend Widerstand beim Knoten haben.

Sie können einen Holzstab, Ast oder Ring mit Kreppklebeband auf den Tisch kleben oder mithilfe von S-Haken an eine Kleiderstange, Schrank oder Tür hängen.

Vor allem bei kleineren Makramee-Modellen bietet es sich bei Ringen oder Karabinern an, sich eine Konstruktion aus einem Holzbrett und einem Nagel anzufertigen. So können Sie den Ring an den Nagel hängen und diesen als Widerstand nutzen.

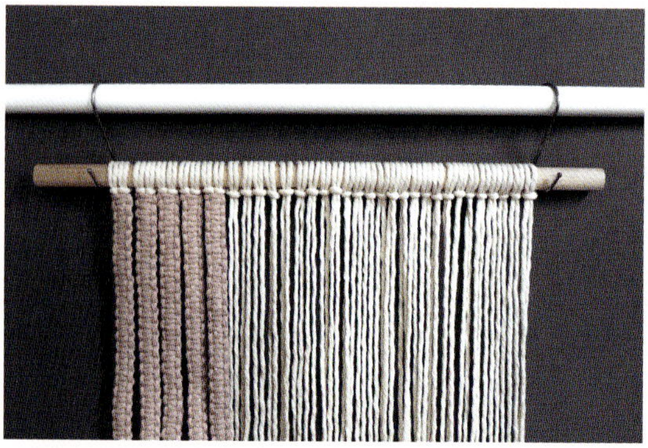

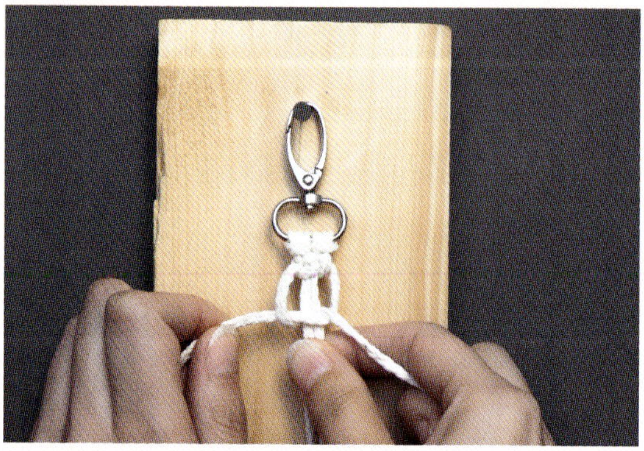

MIT LANGEN STRÄNGEN KNOTEN

Wenn zu lange Stränge beim Knoten stören, gibt es eine einfache Möglichkeit, sie zu kürzen. Legen Sie dazu die Strangenden mehrfach zusammen und setzen Sie einen Knoten oder binden Sie die Enden mit einem Gummi zusammen.

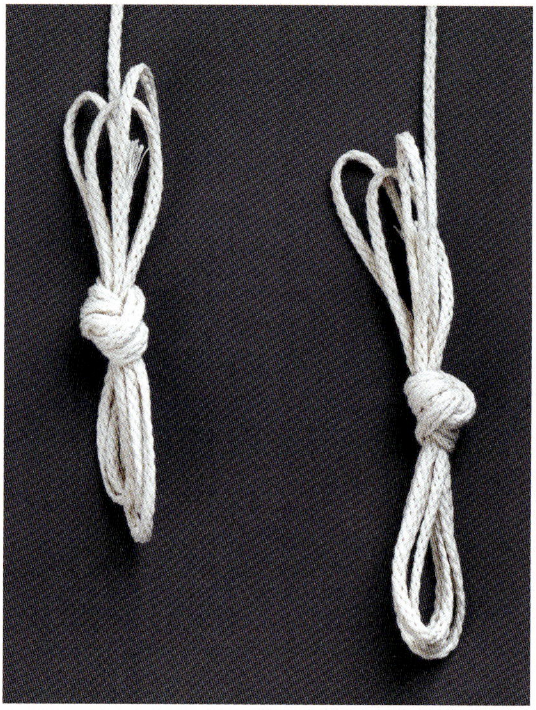

GARNRESTE VERWERTEN

Es lohnt sich, Garnreste ab 20 cm Länge aufzuheben. Sie können diese für andere Makramee-Projekte verwenden, z. B. zum Aufhängen eines Wandbehangs, als Fransen oder für Tasseln.

PERLEN AUFFÄDELN

Perlen und Kugeln auffädeln kann eine Herausforderung sein, je nachdem wie dick das Garn ist und auf wie viele Stränge man die Perle auffädeln möchte. Kleben Sie den unteren Teil des Strangs eng mit etwas Kreppklebeband ab. Wenn Sie die Perle auf zwei Stränge auffädeln möchten, kleben Sie beide Stränge zusammen ab. Mit einer Drehbewegung bekommt man die abgeklebten Stränge noch einfacher durch das Perlenloch.

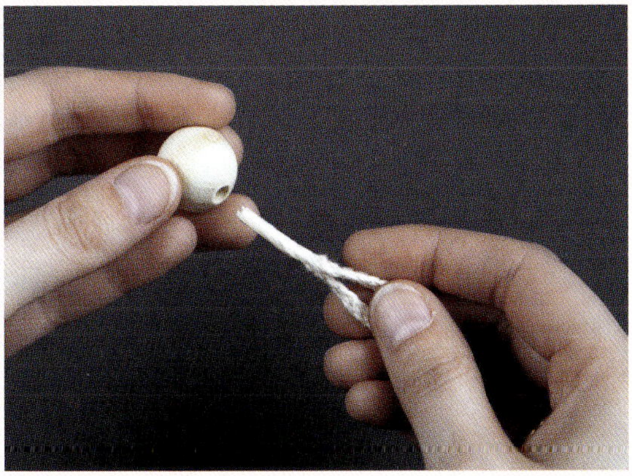

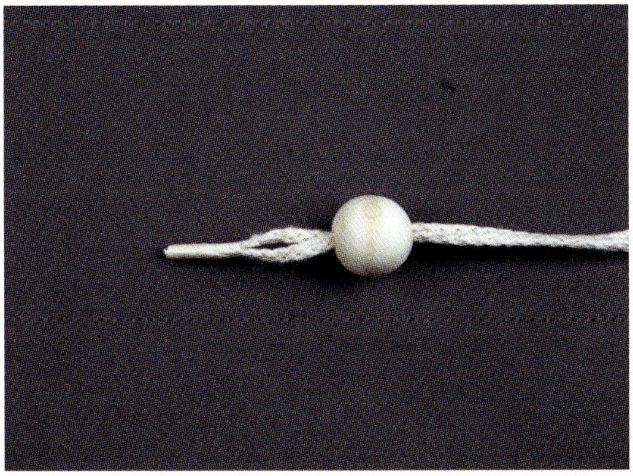

ÄSTE VORBEREITEN

Möchten Sie an selbst gesammelten Ästen knoten, legen Sie diese unter Beobachtung bei ca. 70–80 °C in den Ofen, damit sie trocknen und mögliches Ungeziefer abstirbt. Klemmen Sie einen Holzlöffel in die Ofentür, damit die Feuchtigkeit abziehen kann. Holen Sie die Äste raus, wenn sie durchgetrocknet sind. Vor dem Knoten bietet es sich an, die Äste von Rinde zu befreien und abzuschleifen, z. B. mit einem Multifunktionswerkzeug oder per Hand mit Schmirgelpapier. Beim Schleifen immer eine Staubschutzmaske zum Schutz der Atemwege tragen.

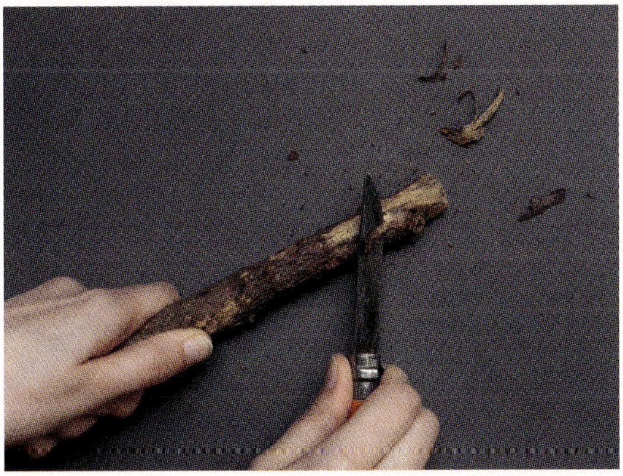

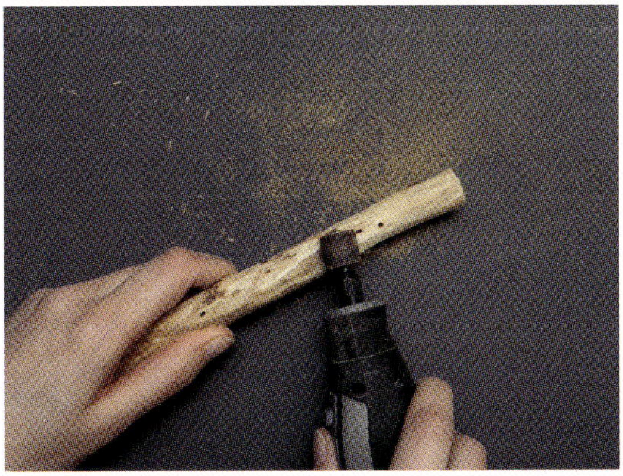

Grundlegende Knoten

ANKERKNOTEN

Mit dem Ankerknoten können Fäden an einem Objekt, wie z. B. einem Holzstab oder einem Ring, befestigt werden.

Ankerknoten von vorne geknotet:

1 Die beiden Enden eines Fadens zusammenlegen und die dabei entstehende Schlinge von oben hinter den Holzstab führen.

2 Nun die beiden Enden durch die Schlinge führen und straff ziehen.

Ankerknoten von hinten geknotet:

1 Die beiden Enden eines Fadens zusammenlegen und die dabei entstehende Schlinge von unten hinter den Holzstab führen.

2 Nun die beiden Enden durch die Schlinge führen und straff ziehen.

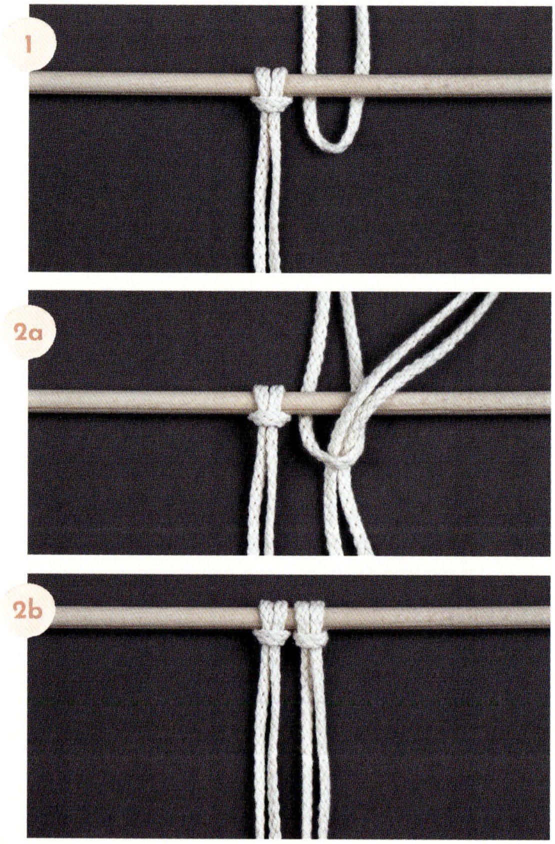

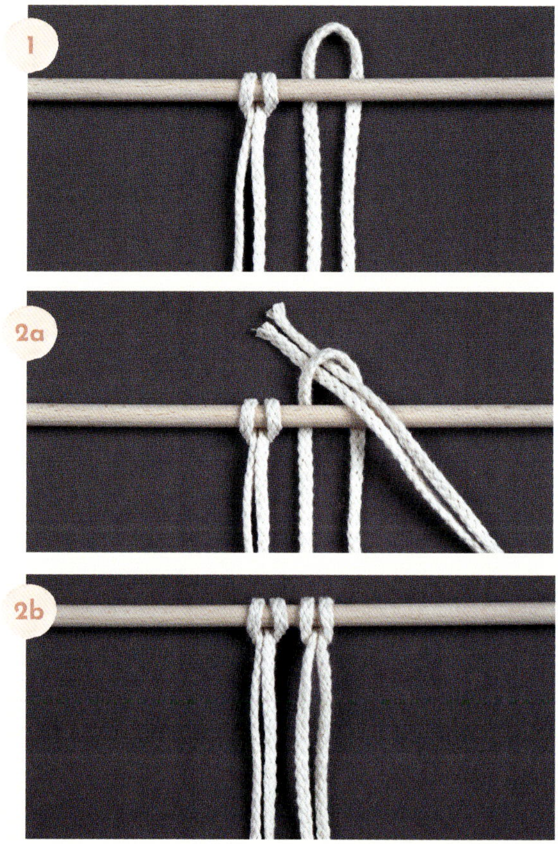

WELLENKNOTEN

Der Wellenknoten ist ein halber Kreuzknoten und wird bei Makramee üblicherweise mit 4 Fäden geknotet. Die beiden mittleren Fäden sind die Trägerfäden. Diese sind passiv und es wird um sie herum geknotet. Die beiden äußeren Fäden sind Arbeitsfäden und mit ihnen wird aktiv geknotet.

1 Legen Sie den rechten Arbeitsfaden nach links über die beiden Trägerfäden.

2 Nun legen Sie den linken Arbeitsfaden über den rechten Arbeitsfaden.

3 Führen Sie den linken Arbeitsfaden unter die beiden Trägerfäden und durch den Zwischenraum des rechten Arbeitsfadens und der Trägerfäden nach vorne.

4 Ziehen Sie die beiden Arbeitsfäden senkrecht zu den Trägerfäden fest.

5 Mehrere Wellenknoten untereinander geknotet ergeben einen gedrehten Strang. Schieben Sie zwischendurch immer wieder die Knoten entlang der Trägerfäden zusammen, damit Sie einen einheitlichen Strang erhalten.

Je nachdem wie sehr Sie den Strang entlang der Trägerfäden zusammenschieben, verändert sich der Grad der Drehung des Strangs. Probieren Sie es aus!

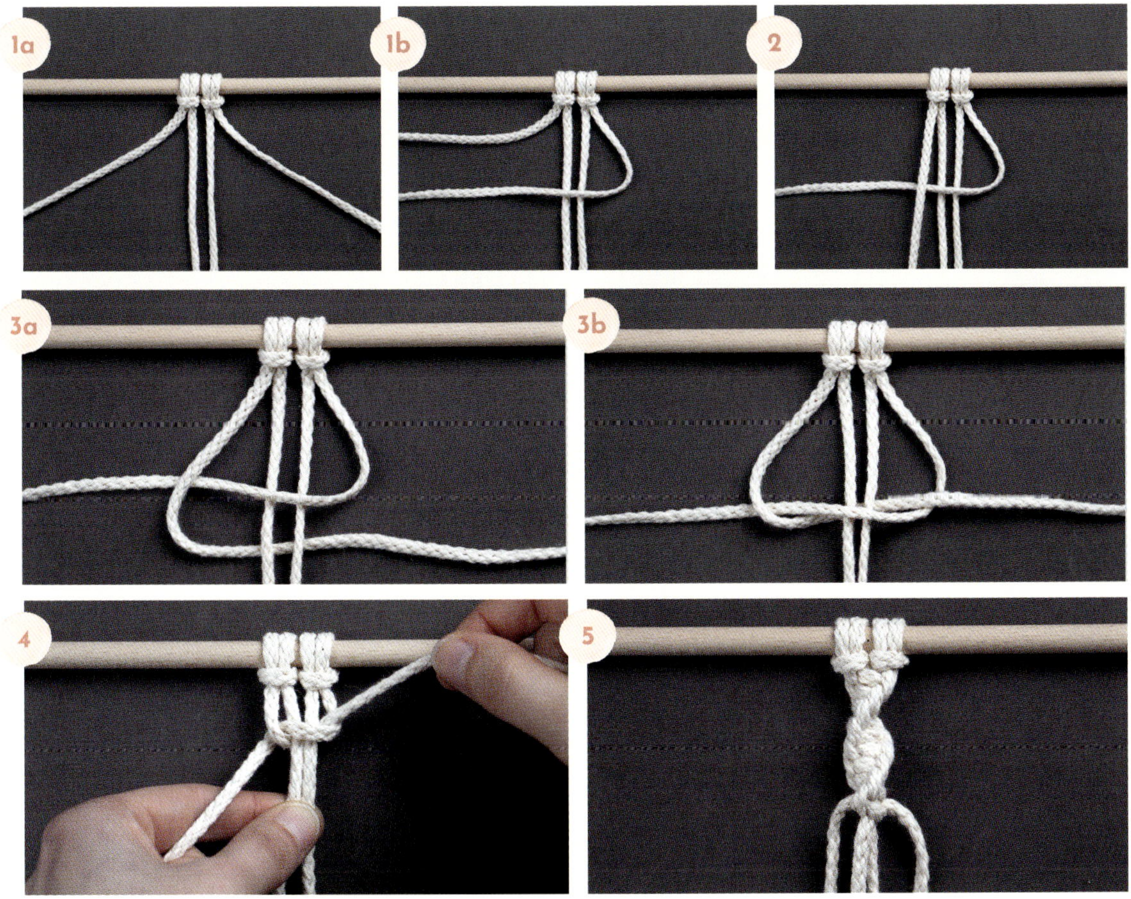

LINKS GELEGTER KREUZKNOTEN

Ein Kreuzknoten wird bei Makramee normalerweise mit 4 Fäden geknotet. Die beiden mittleren Fäden sind dabei die Trägerfäden. Diese sind passiv und es wird um sie herum geknotet. Die beiden äußeren Fäden sind Arbeitsfäden und mit ihnen wird aktiv geknotet.

1 Knoten Sie den Wellenknoten als ersten Teil des Kreuzknotens.

2 Wiederholen Sie die Schritte spiegelverkehrt. Dazu legen Sie den linken Arbeitsfaden nach rechts über die beiden Trägerfäden. Den rechten Arbeitsfaden über den linken Arbeitsfaden legen und diesen dann unter die beiden Trägerfäden durch den Zwischenraum des linken Arbeitsfadens sowie der Trägerfäden nach vorne führen.

3 Ziehen Sie den zweiten Teil des Kreuzknotens fest.

4 Mehrere Kreuzknoten untereinander geknotet ergeben einen glatten, gleichmäßigen Strang. Um ein gleichmäßiges Knotenbild zu erhalten, schieben Sie die einzelnen Knoten immer wieder entlang des Trägerfadens nach oben. Es sollte nur wenig der Trägerfäden zu sehen sein.

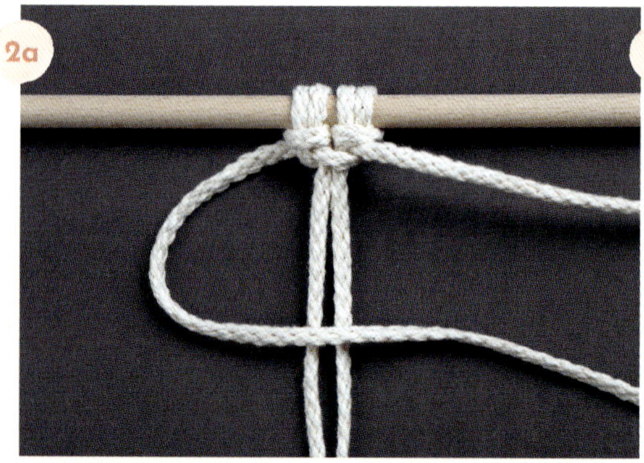

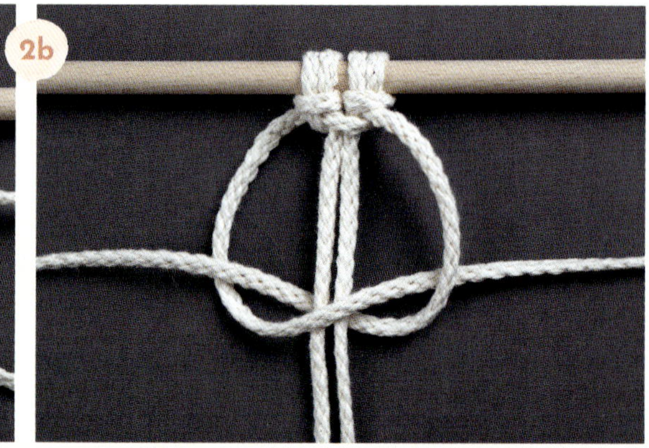

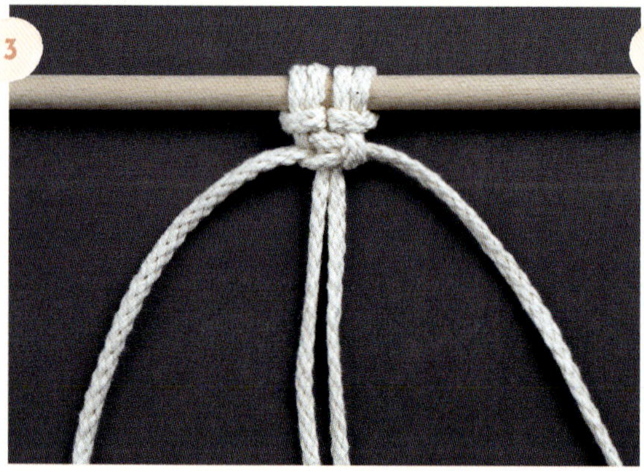

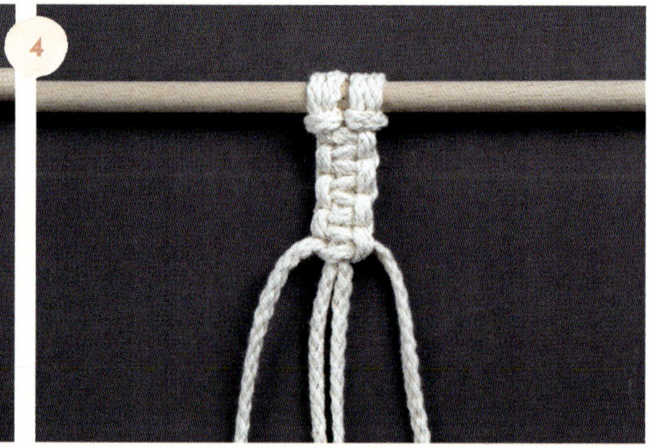

BEERENKNOTEN

Der Beerenknoten oder auch Berryknot (engl.) ist eine Variation des Kreuzknotens. Er gibt einem Muster eine dreidimensionale Komponente.

1 Knoten Sie drei Kreuzknoten untereinander. Setzen Sie dabei den ersten Kreuzknoten in einem kleinen Abstand von etwa 0,5 cm zum Trägermedium (hier der Holzstab).

2 Die beiden Trägerfäden von vorne mittig durch den kleinen Zwischenraum zwischen Trägermedium und ersten Kreuzknoten führen.

3 Ziehen Sie die Trägerfäden nach unten, sodass wieder vier Stränge vor Ihnen liegen. Der Beerenknoten zeigt nun schon seine rundliche Form.

4 Um den Beerenknoten zu fixieren, einen weiteren Kreuzknoten unter die „Beere“ knoten.

2

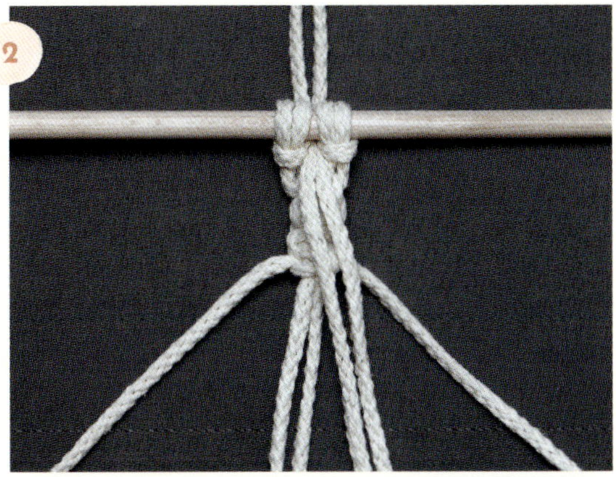

3

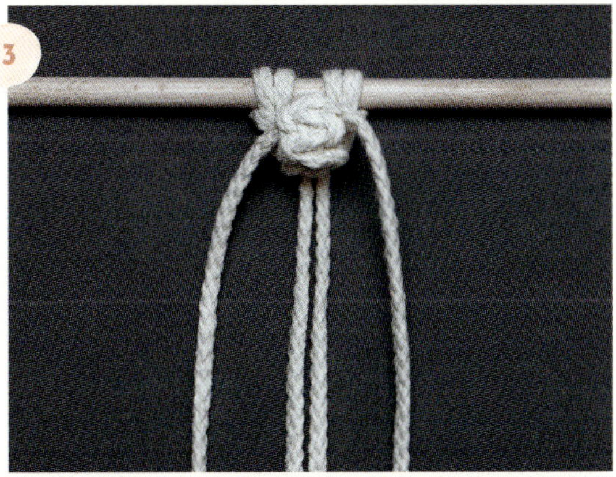

4

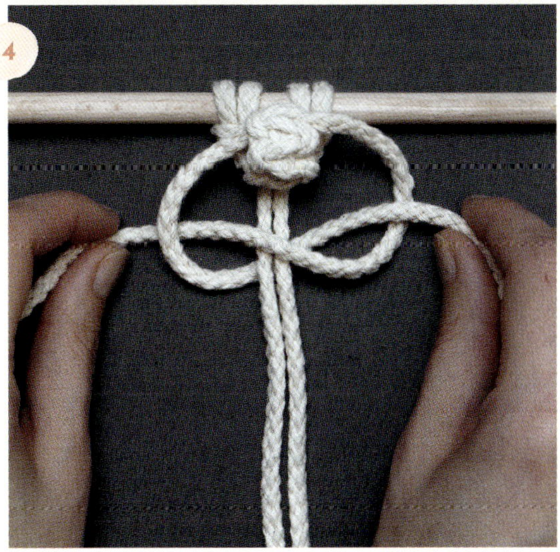

WICKELKNOTEN

Mit dem Wickelknoten werden mehrere Stränge zusammengehalten.

1 Legen Sie das Fadenende eines extra Fadens nach oben auf die Stränge, die zusammengehalten werden sollen und führen Sie das andere Ende so nach oben, dass eine Schlaufe entsteht. Wenn es eine Vorder- und Rückseite gibt, legen Sie den zusätzlichen Faden auf der Rückseite auf alle Stränge.

2 Wickeln Sie das lange Ende straff um alle Stränge sowie um das andere kurze Ende. Das lange Ende wickeln Sie nun mehrfach eng um alle Stränge und die Schlaufe, sodass immer weniger von der Schlaufe zu sehen ist.

3 Wenn der Faden zu kurz wird oder Sie der Meinung sind, dass Sie genug umwickelt haben, führen Sie das Ende, mit dem Sie die ganze Zeit umwickelt haben, durch die Schlaufe.

4 Ziehen Sie an dem oberen Fadenende um die Schlaufe zuzuziehen, sodass der durchgeführte Faden und die Schlaufe unter dem Umwickelten verschwinden. Wichtig: Ziehen Sie nicht so sehr, dass Sie die Schlaufe oben hervorziehen. Die Schlaufe sollte etwa auf der Hälfte unter dem Umwickelten liegen.

5 Schneiden Sie beide Enden bündig zum Wickelknoten ab.

Mit farbigem Garn können Sie schöne Akzente setzen.

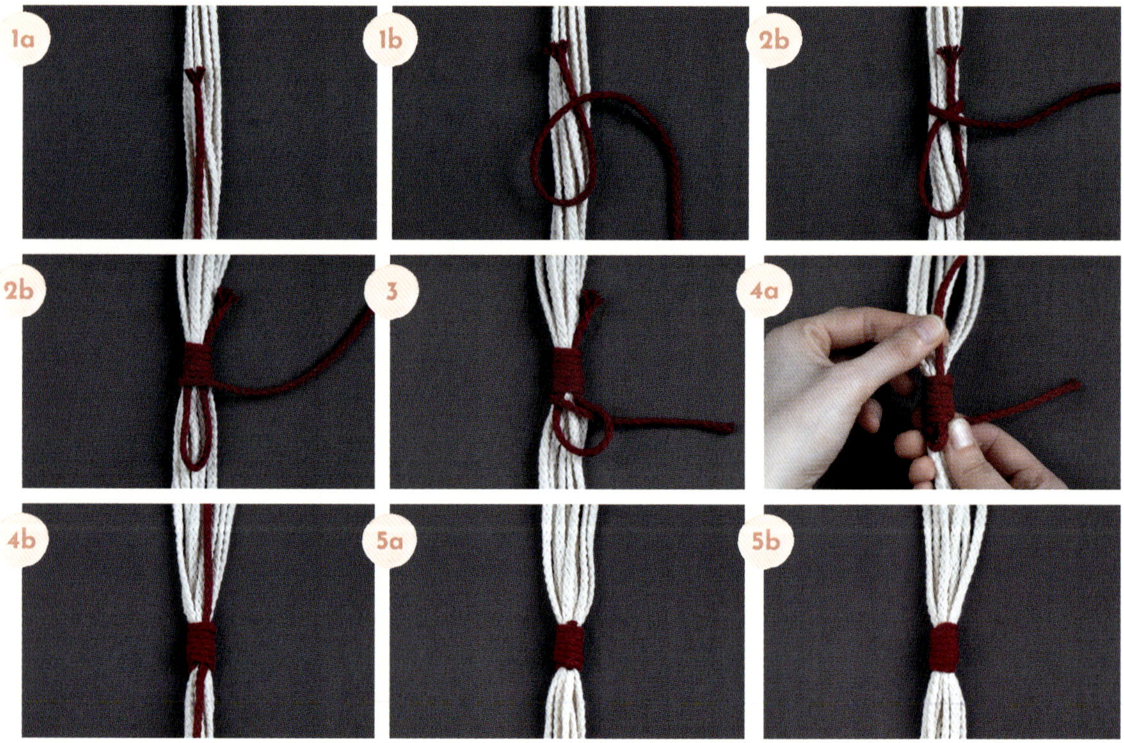

RIPPENKNOTEN

Mehrere Rippenknoten nebeneinander geknotet ähneln einer Rippe. Beim Rippenknoten werden mehrere Arbeitsfäden mit jeweils zwei halben Schlägen entlang eines Trägerfadens geknotet, um eine Rippe zu erhalten.

Man unterscheidet den rechts und links geknüpften Rippenknoten. Sie unterscheiden sich dahingehend, dass beim rechts geknüpften Rippenknoten die Arbeitsfäden nach rechts gehend und beim links geknüpften Rippenknoten nach links gehend über den Trägerfaden gelegt werden. Wird Ihre Rippe also von links nach rechts geknotet, handelt es sich um den rechts geknüpften Rippenknoten, wird sie von rechts nach links geknotet, handelt es sich um den links geknüpften Rippenknoten.

1 Halten Sie den Trägerfaden über die Arbeitsfäden straff in die Richtung, in die die Rippe verlaufen soll. Behalten Sie den Trägerfaden die ganze Zeit straff in der Hand und versuchen Sie diese nicht viel zu bewegen. Knoten Sie nur mit der anderen Hand.

2 Legen Sie den ersten Arbeitsfaden locker über den Trägerfaden.

3 Führen Sie nun den Arbeitsfaden unter den Trägerfaden durch die eigene Schlaufe. Ziehen Sie den ersten halben Schlag entlang des Trägerfadens fest. Der erste halbe Schlag entscheidet über die Position des Knotens. Soll die Rippe direkt entlang der Knotenreihe zuvor geknotet werden, ziehen Sie den ersten halben Schlag fest, bis er direkt an der Knotenreihe davor liegt. Wird ein Zwischenraum gewünscht, so ziehen Sie den ersten halben Schlag nur so weit fest, dass er im gewünschten Abstand zur Knotenreihe davor liegt.

4 Für den zweiten halben Schlag werden die Schritte 2–3 wiederholt.

5 Ziehen Sie den zweiten Umschlag fest. Der zweite halbe Schlag fixiert den Rippenknoten.

links geknüpfter Rippenknoten | rechts geknüpfter Rippenknoten

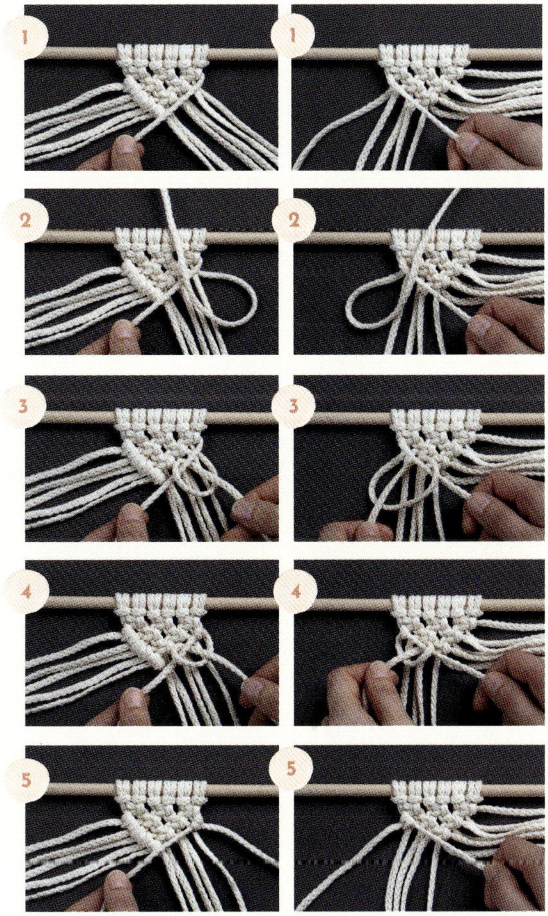

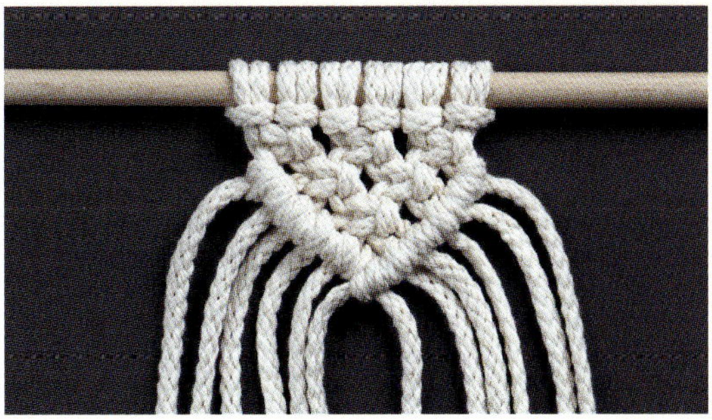

Feder-Ohrringe „Boho-Vibes"

MOTIVLÄNGE:
ca. 9 cm

MATERIAL

2 Baumwollfäden in Pearl-Hellviolett, mehrfach gezwirnt, ø 3 mm, 18 cm lang (1 pro Ohrring)
22 Baumwollfäden in Pearl-Hellviolett, mehrfach gezwirnt, ø 3 mm, 14 cm lang (11 pro Ohrring)
2 Ohrhaken in Silber | Schere | Kamm

1 Für einen Ohrring den langen Faden mittig zusammenlegen und alle kürzeren Fäden mit einem einfachen Knoten untereinander fest um die beiden Enden des zusammengelegten Fadens knoten.

2 Die Fäden zusammenschieben, sodass die mittleren Fäden kaum noch zu sehen sind. Die Rückseite des Knotens ist die Vorderseite der Feder.

3 Die Enden auf etwa 4 cm Länge kürzen und aufkämmen. Es hilft, das Garn erst mit einer Stecknadel aufzutrennen und dann zu kämmen.

4 Die aufgekämmten Fransen in Form einer Feder zuschneiden.

5 Die Feder in den Ohrhaken hängen. Für den zweiten Ohrring genauso verfahren.

1
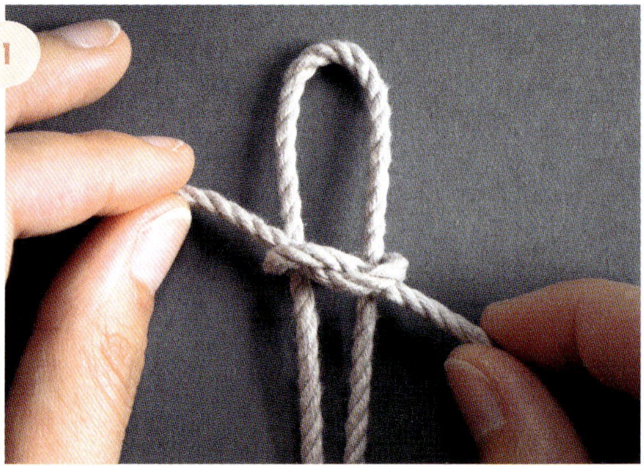

2
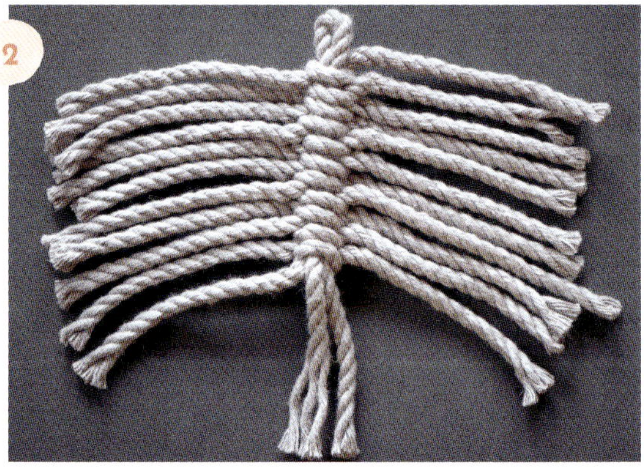

3
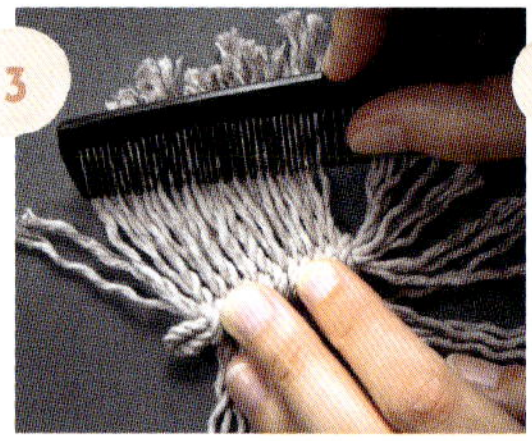

4
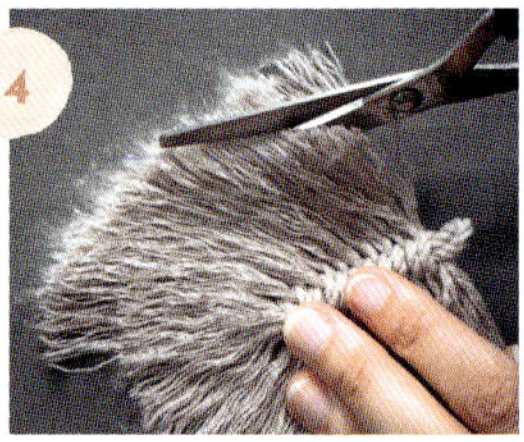

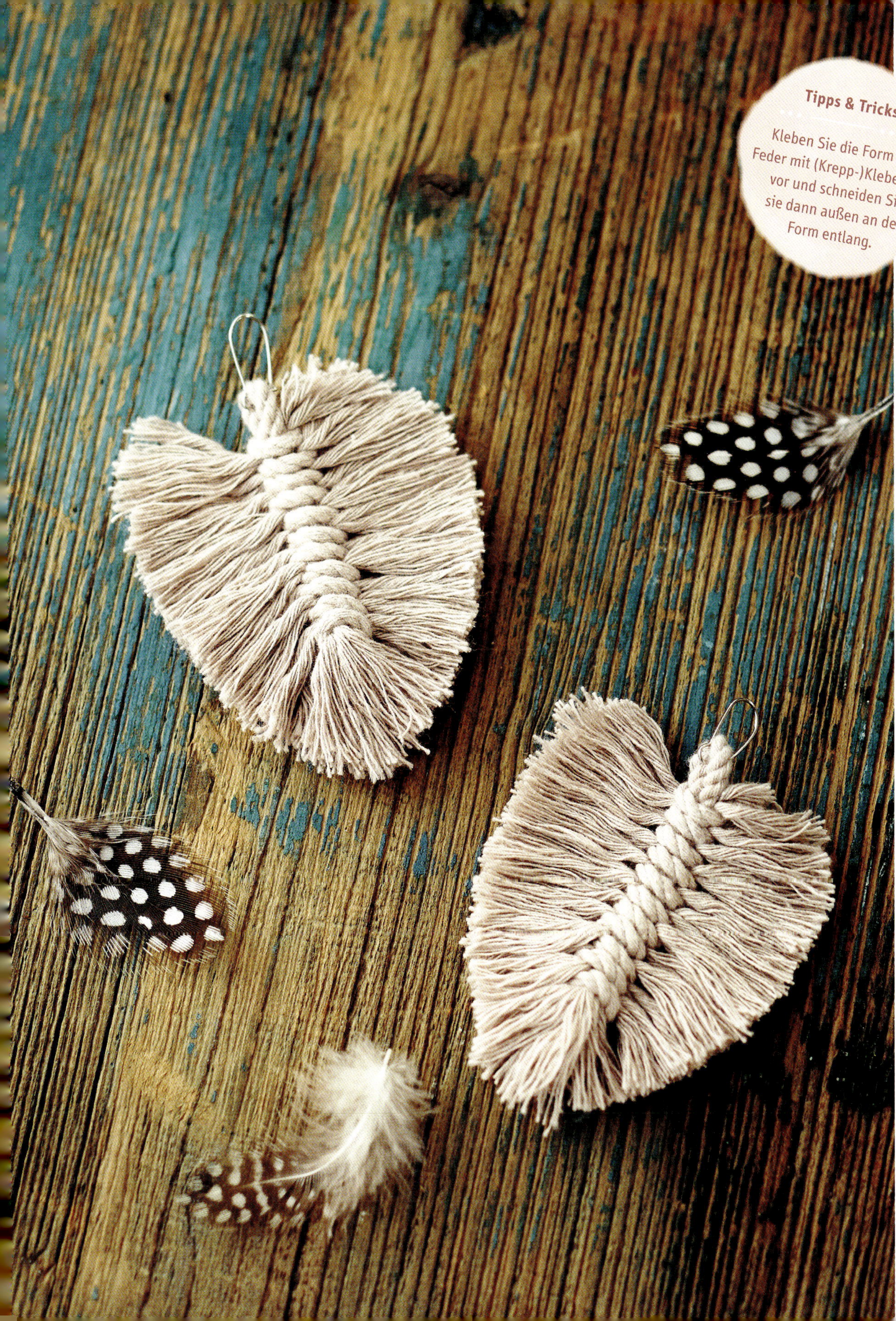

Tipps & Tricks

Kleben Sie die Form der Feder mit (Krepp-)Klebeband vor und schneiden Sie sie dann außen an der Form entlang.

Ringornament „Joyful"

MOTIVLÄNGE:
ca. 10,5 cm

MATERIAL

14 Baumwollfäden in Natur, geflochten, ø 2-3 mm, 15 cm lang | Baumwollfaden in Natur, geflochten, ø 2-3 mm, 25 cm lang | Baumwollfaden in Natur, geflochten, ø 2-3 mm, 30 cm lang | Holzring ø 4 cm | 2 Holzperlen, ø 1,5 cm | Holzperle, ø 1 cm | Schere

1 Befestigen Sie mit dem von vorne geknoteten Ankerknoten den 30 cm langen Faden oben und den 25 cm langen Faden unten am Holzring. Auf der linken und rechten Seite dieser beiden Fäden werden nun jeweils sieben 15 cm lange Fäden mit dem von vorne geknoteten Ankerknoten befestigt.

2 Auf dem oberen und unteren langen Faden wird jeweils eine 1,5 cm große Holzperle aufgefädelt, auf den unteren Faden anschließend eine 1 cm große Holzperle. Verknoten Sie den unteren Faden direkt unter den Holzperlen und den oberen Faden an den beiden Enden. Kürzen Sie die Enden beider Fäden.

3 Die restlichen, kürzeren Fäden auf beiden Seiten auskämmen und danach auf etwa 1,5 cm kürzen.

1
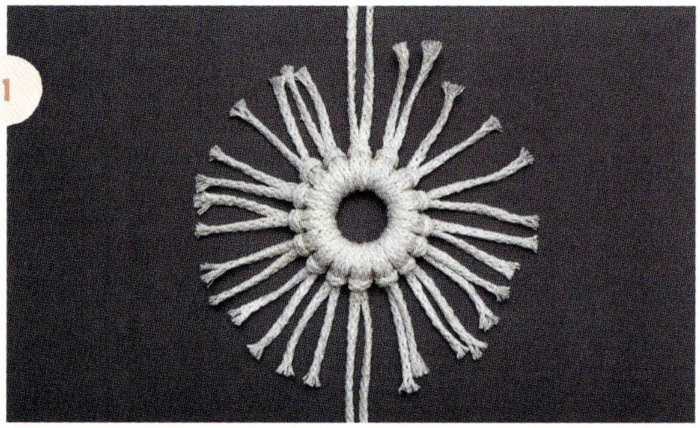

2
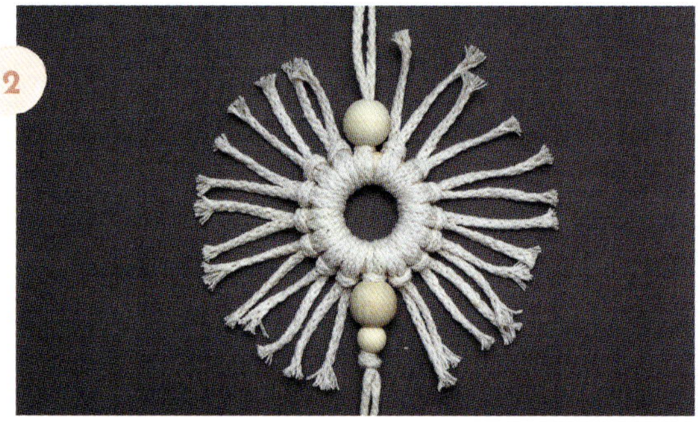

3
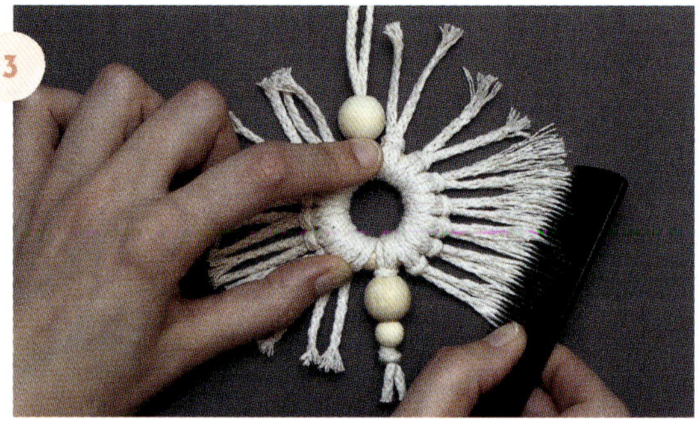

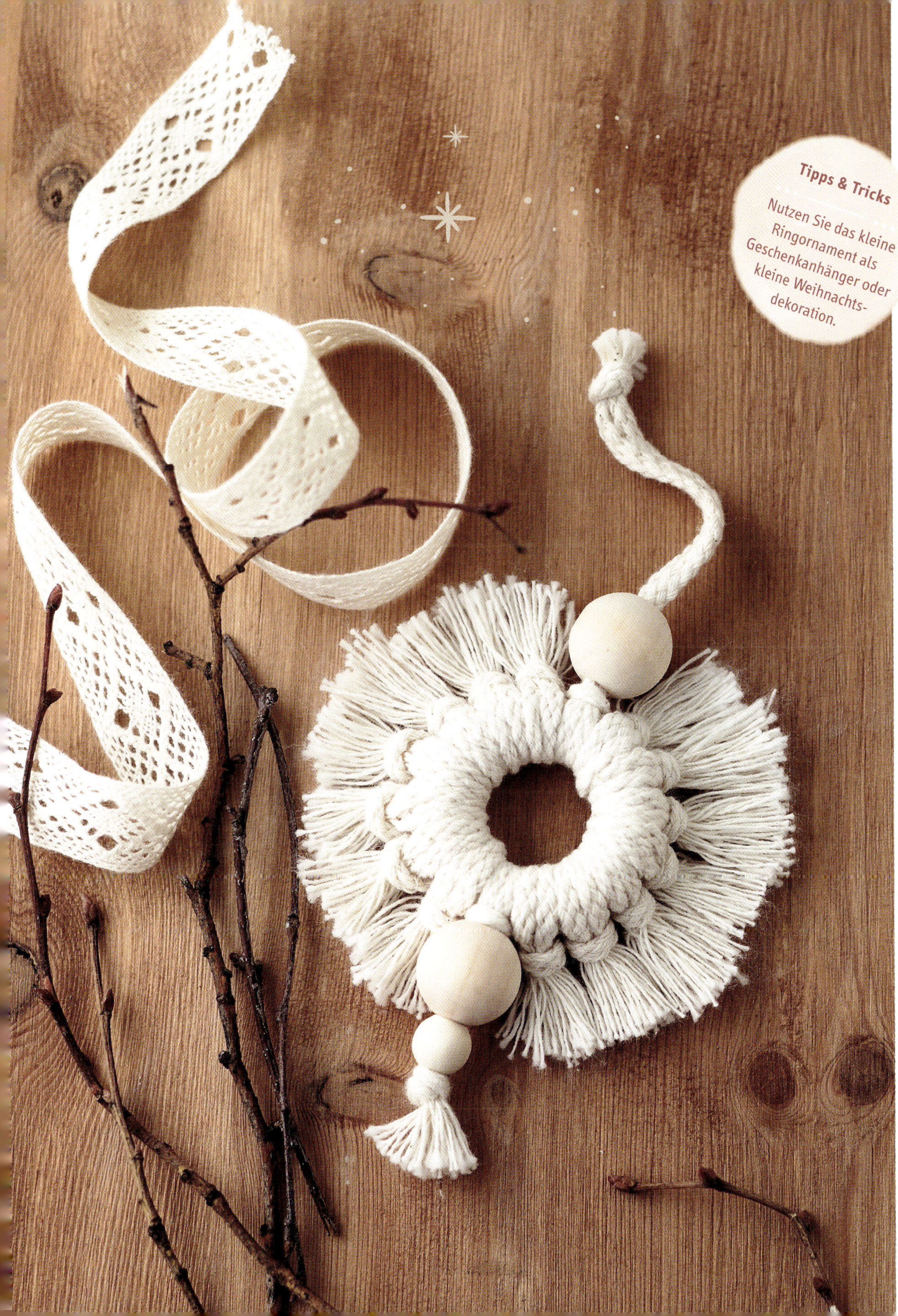

Tipps & Tricks

Nutzen Sie das kleine Ringornament als Geschenkanhänger oder kleine Weihnachtsdekoration.

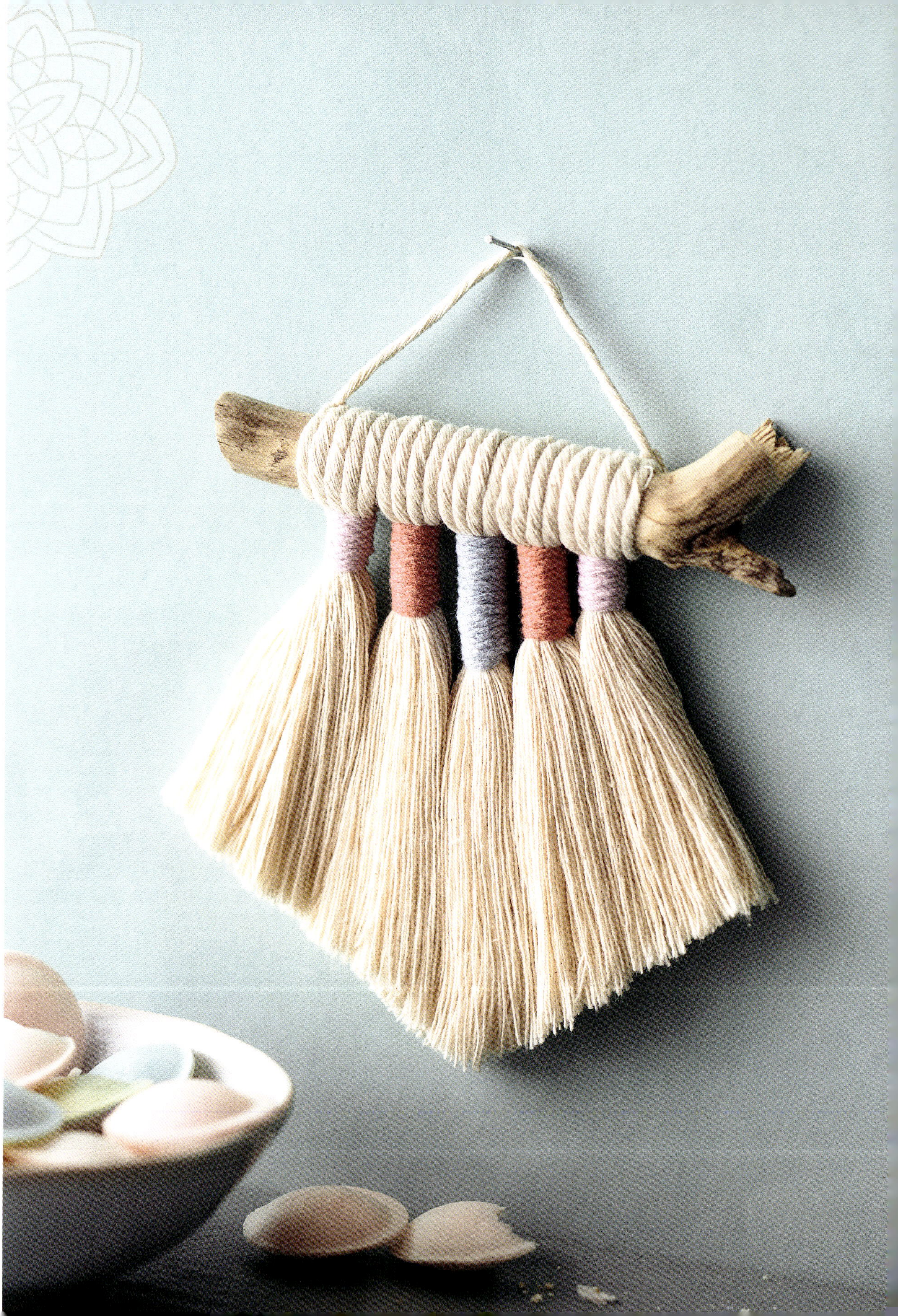

Wandbehang „Pastel-Love"

MATERIAL

20 Baumwollfäden in Natur, einfach gezwirnt, ø 4 mm, 35 cm lang | 2 Baumwollfäden in Flieder, geflochten, ø 2–3 mm, 60 cm lang | 2 Baumwollfäden in Altrosa, geflochten, ø 2–3 mm, 60 cm lang | Baumwollfaden in Hellblau, geflochten, ø 2–3 mm, 60 cm lang | Baumwollfaden in Natur, einfach gezwirnt, ø 4 mm, 50 cm lang | Ast, ca. 13 cm | Schere | Kamm

MOTIVLÄNGE:
ca. 15 cm

1 Der Wandbehang besteht aus einer Abfolge von fünf Tassel-Einheiten. Nehmen Sie sich pro Tassel-Einheit vier 35 cm lange, naturfarbene, einfach gezwirnte Baumwollfäden und führen Sie diese bis zur Hälfte über den Ast.

2 Fixieren Sie die Fäden mit einem Wickelknoten um alle Stränge direkt unter dem Ast. Nutzen Sie dafür 60 cm lange, farbige, 2–3 mm dicke Baumwollfäden. Die Farbabfolge für die Wickelknoten der Tassel-Einheiten ist wie folgt: Flieder, Altrosa, Hellblau, Altrosa, Flieder. Dabei werden die Wickelknoten zur Mitte hin immer breiter (Flieder: 5 Umwickelungen, Altrosa: 9 Umwickelungen, Hellblau: 12 Umwickelungen).

3 Anschließend werden die naturfarbenen Enden ausgekämmt und spitz zulaufend zugeschnitten.

4 Zum Schluss wird ein 50 cm langer, naturfarbener Baumwollfaden mit zwei Doppelknoten am Ast befestigt, um den Wandbehang aufhängen zu können.

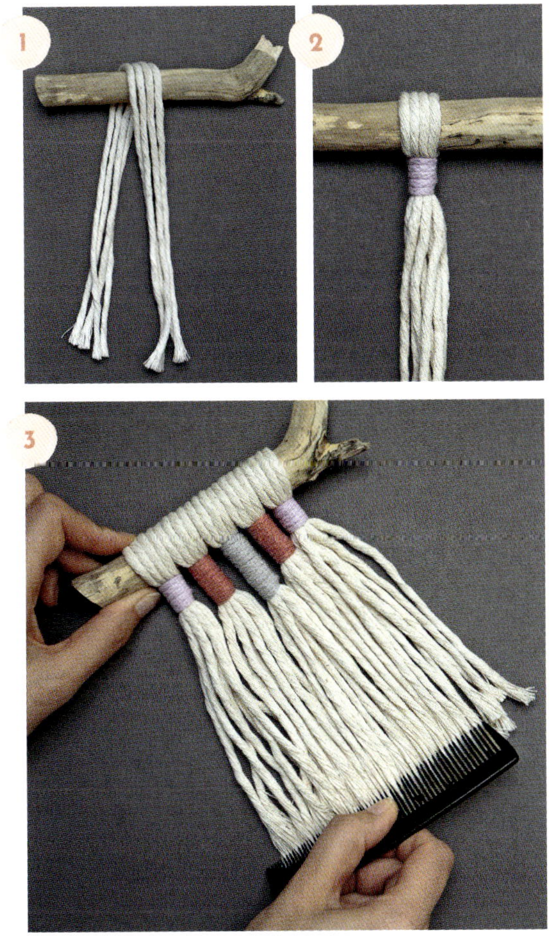

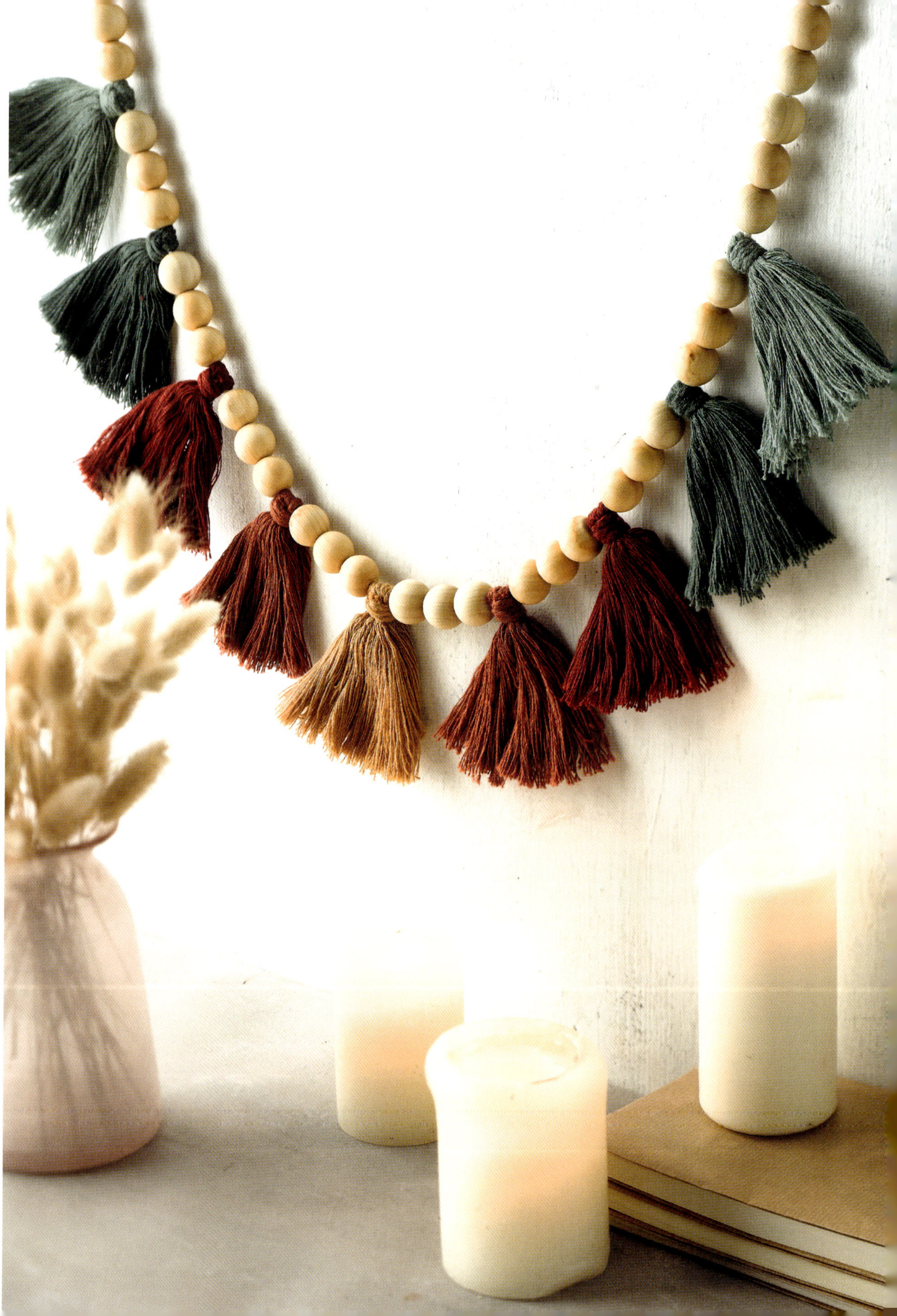

Wimpelkette „Fun-Times“

MATERIAL

Baumwollfaden in Natur, geflochten, ø 4 mm, 1 m lang | 36 Holzperlen, ø 2 cm
Pro Tassel: 4 Baumwollfäden, geflochten, ø 4 mm, 20 cm lang (Farben optional: Jade, Honig, Weinrot, Waldgrün, Rostrot) | Baumwollfaden, geflochten, ø 4 mm, 30 cm lang

MOTIVLÄNGE:
ca. 1 m

1 Fädeln Sie sechs Holzperlen auf einen 1m langen Faden auf.

2 Fertigen Sie nun eine Tassel an in der Farbe Ihrer Wahl an. Für die Tassel legen Sie vier 20 cm lange Baumwollfäden bis zur Mitte über den 1 m langen Faden und fixieren anschließend die Stränge mit einem Wickelknoten. Nutzen Sie dazu einen 30 cm langen Faden.

3 Wechseln Sie nun immer drei Holzperlen mit einer Tassel ab. Wenn Sie möchten, können Sie einen Farbwechsel einarbeiten, indem Sie verschiedenfarbige Garne verwenden.

4 Als letzten Schritt kämmen Sie alle Tasseln aus und kürzen sie auf Wunschlänge.

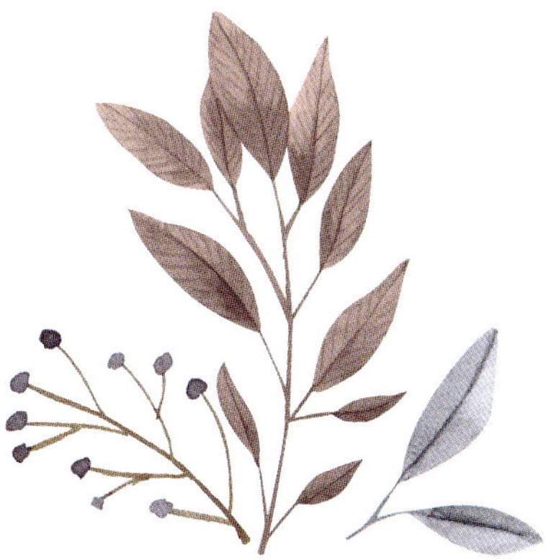

Wandbehang „Lorelai“

MOTIVLÄNGE:
ca. 40 cm

MATERIAL

36 Baumwollfäden in Natur, einfach gezwirnt, ø 4 mm, 1 m lang | 18 Baumwollfäden in Puderrosa, geflochten, ø 4 mm, 3,10 m lang | 1 Baumwollfaden in Natur, einfach gezwirnt, ø 4 mm, 90 cm lang | Holzstab ø 20 mm, 50 cm lang | Kamm Textilkleber | Schere

1 Befestigen Sie alle 1 m langen Baumwollfäden mit dem von vorne geknoteten Ankerknoten am Holzstab.

2 Das Muster besteht nur aus Kreuzknoten-Stränge. Für jeden Strang wird ein extra 3,10 m langer Faden (in Puderrosa) genutzt, dessen beide Enden als Arbeitsfäden dienen. Legen Sie den extra Faden mittig unter vier der befestigten Stränge, die als Trägerfäden genutzt werden. Knoten Sie mit den beiden Enden einen Kreuzknoten und schieben Sie diesen bis an den Holzstab bzw. Ankerknoten heran. Knoten Sie nun weitere Kreuzknoten untereinander. Am Ende eines Kreuzknoten-Strangs verknoten Sie die beiden Arbeitsfäden auf der Rückseite mit einem normalen Knoten, kürzen die Enden und fixieren sie mit Textilkleber.

3 Kämmen Sie die Enden der Trägerfäden aus und schneiden Sie sie auf eine Länge ab.

4 Befestigen Sie zuletzt einen 90 cm langen Faden mit zwei Doppelknoten am Holzstab, um den Wandbehang aufhängen zu können.

Die Kreuzknoten-Stränge haben folgende Eckdaten (von links nach rechts):

1. 24 Kreuzknoten bzw. ca. 22,5 cm lang
2. 26 Kreuzknoten bzw. ca. 24,5 cm lang
3. 27 Kreuzknoten bzw. ca. 25,5 cm lang
4. 28 Kreuzknoten bzw. ca. 26,5 cm lang
5. 28 Kreuzknoten bzw. ca. 26,5 cm lang
6. 27 Kreuzknoten bzw. ca. 25,5 cm lang
7. 25 Kreuzknoten bzw. ca. 23,5 cm lang
8. 23 Kreuzknoten bzw. ca. 21,5 cm lang
9. 21 Kreuzknoten bzw. ca. 19,5 cm lang
10. 20 Kreuzknoten bzw. ca. 18,5 cm lang
11. 19 Kreuzknoten bzw. ca. 17,5 cm lang
12. 18 Kreuzknoten bzw. ca. 16,5 cm lang
13. 17 Kreuzknoten bzw. ca. 15,5 cm lang
14. 16 Kreuzknoten bzw. ca. 14,5 cm lang
15. 16 Kreuzknoten bzw. ca. 14,5 cm lang
16. 17 Kreuzknoten bzw. ca. 15,5 cm lang
17. 18 Kreuzknoten bzw. ca. 16,5 cm lang
18. 19 Kreuzknoten bzw. ca. 17,5 cm lang

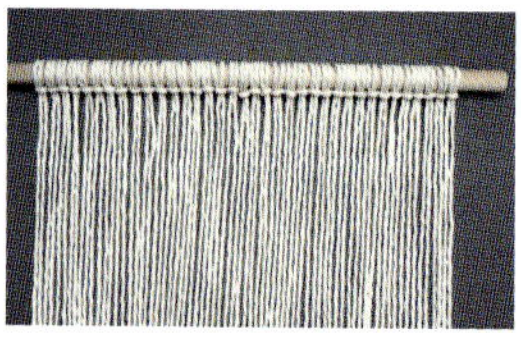
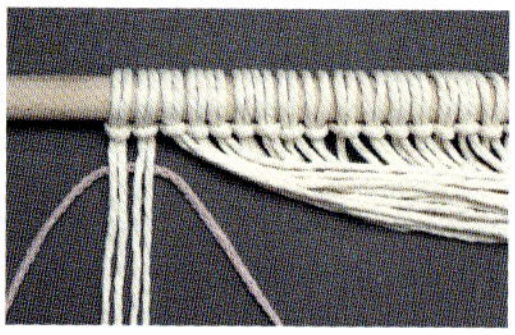
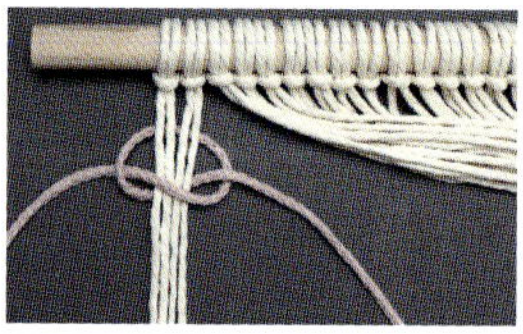
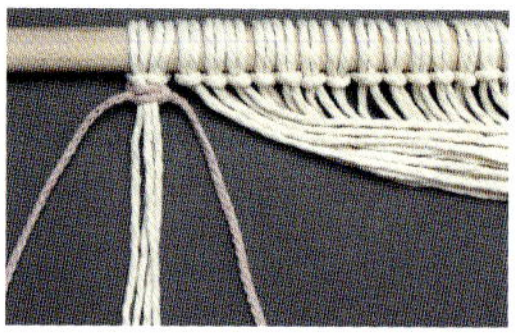

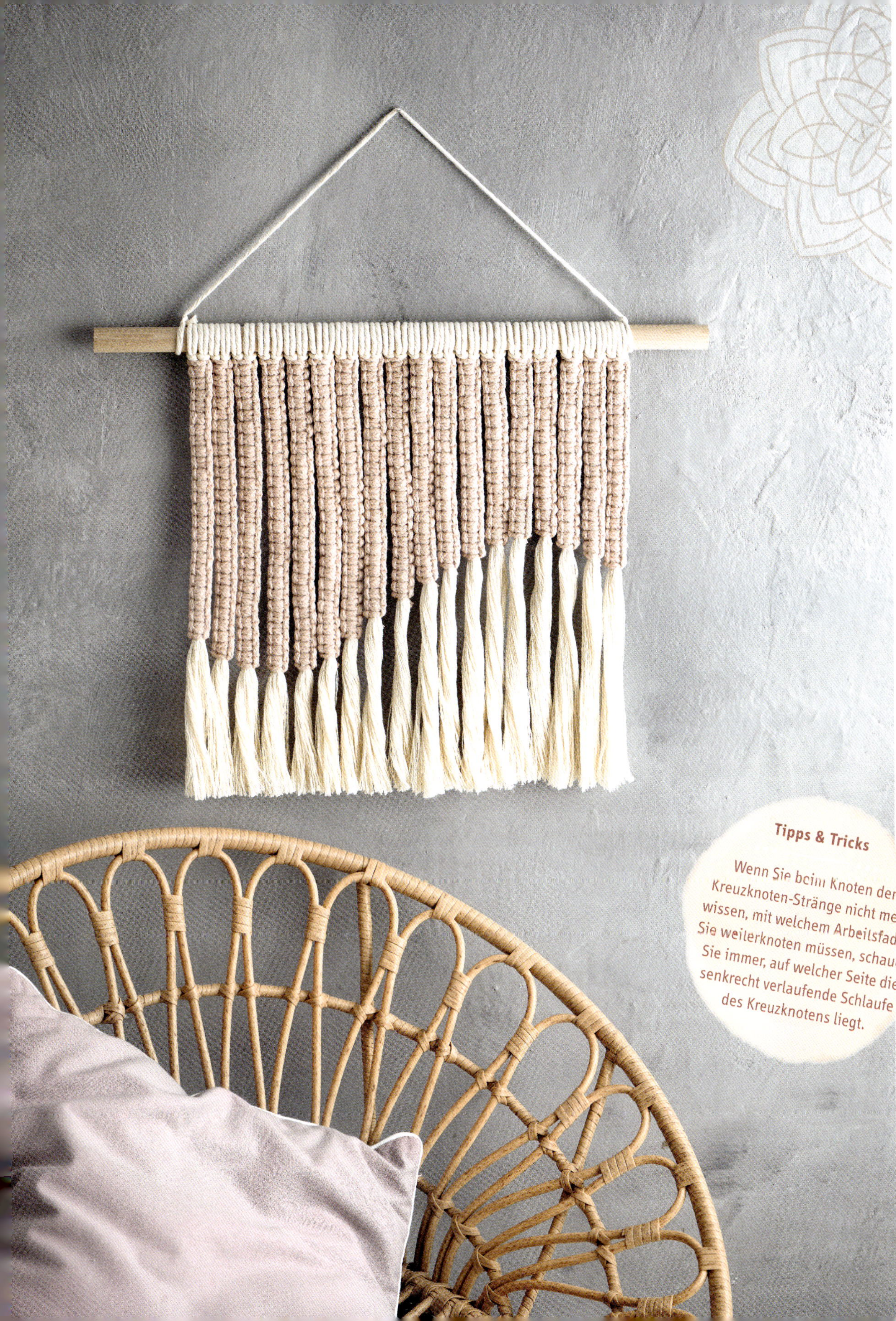

Tipps & Tricks

Wenn Sie beim Knoten der Kreuzknoten-Stränge nicht mehr wissen, mit welchem Arbeitsfaden Sie weiterknoten müssen, schauen Sie immer, auf welcher Seite die senkrecht verlaufende Schlaufe des Kreuzknotens liegt.

Korb mit Wimpelkette „Olivia“

MOTIVHÖHE:
ca. 17 cm

MATERIAL

Baumwollfaden in Waldgrün, geflochten, ø 4 mm, 1,20 m lang | 63 Baumwollfäden in Waldgrün, geflochten, ø 4 mm, 50 cm lang | Korb, ø 22 cm, 17 cm hoch | Schere

1 Befestigen Sie alle 50 cm langen Baumwollfäden mit dem von vorne geknoteten Ankerknoten mittig an einem 1,20 m langen Baumwollfaden. Führen Sie den langen Faden anschließend um den Korb und verknoten Sie die Enden miteinander. Achten Sie darauf, dass die Enden nach dem Verknoten ungefähr gleich lang sind, da mit ihnen im Folgenden weitergeknotet wird. Der Faden wird ca. 3 cm vom oberen Korb-Rand gemessen positioniert.

2 Mit allen Strängen (inkl. den beiden Enden des verknoteten Fadens aus Schritt 1) 32 Kreuzknoten knoten.

3 Nehmen Sie sich zwei nebeneinanderliegende Kreuzknoten vor. Knoten Sie mit dem je außen liegenden Strang als Arbeitsfäden einen Kreuzknoten um alle sechs dazwischenliegenden Stränge als Trägerfäden. Ziehen Sie anschließend an jedem Trägerfaden, um Schlaufen zu glätten.

4 Wiederholen Sie Schritt 3 einmal rund um den Korb, bis Sie insgesamt 16 Kreuzknoten geknotet haben.

5 Kürzen Sie die Enden auf die gewünschte Länge.

1

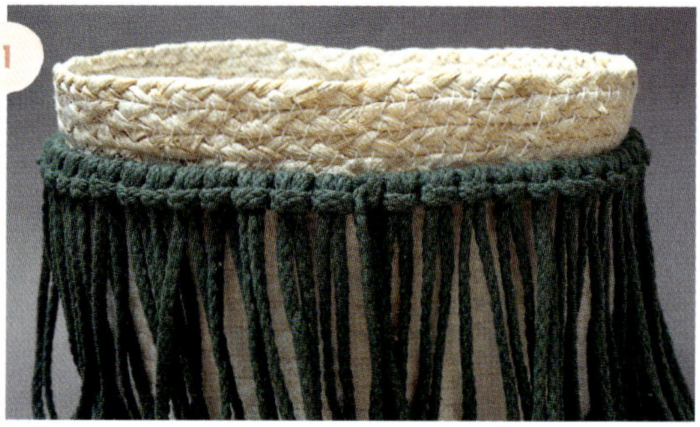

2

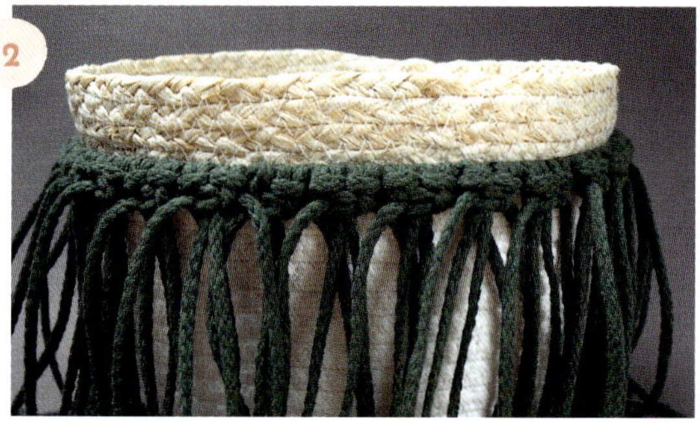

3

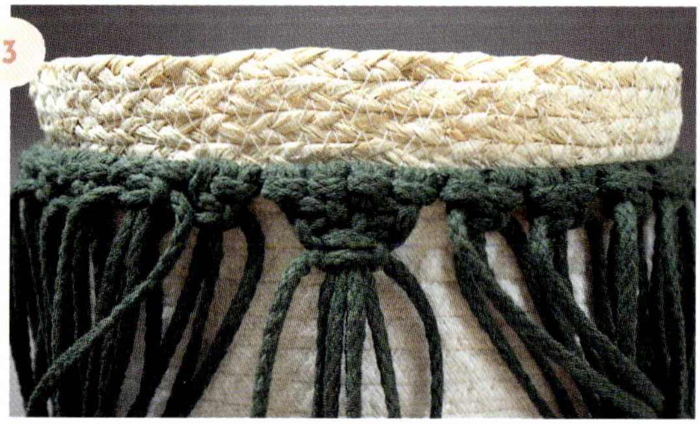

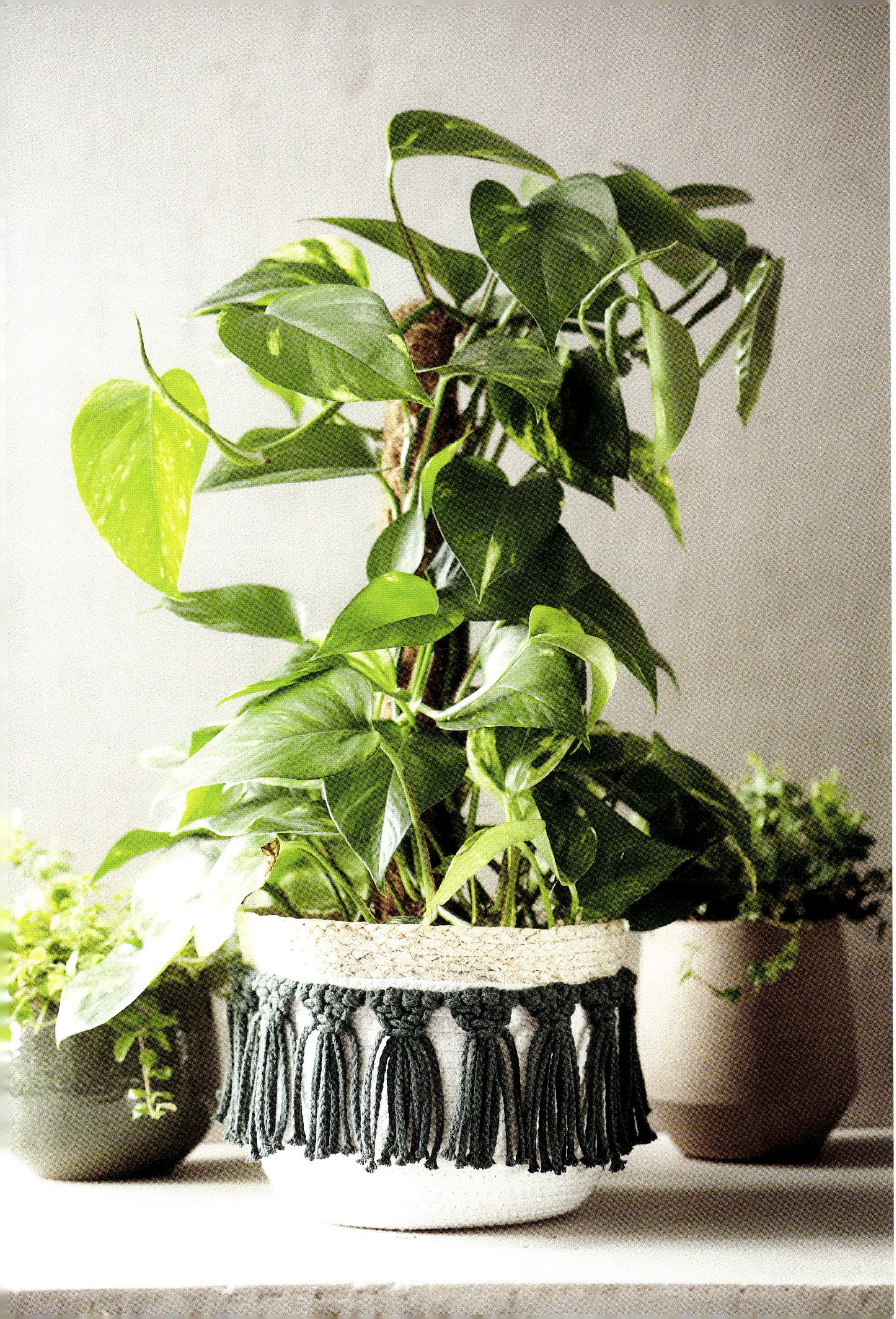

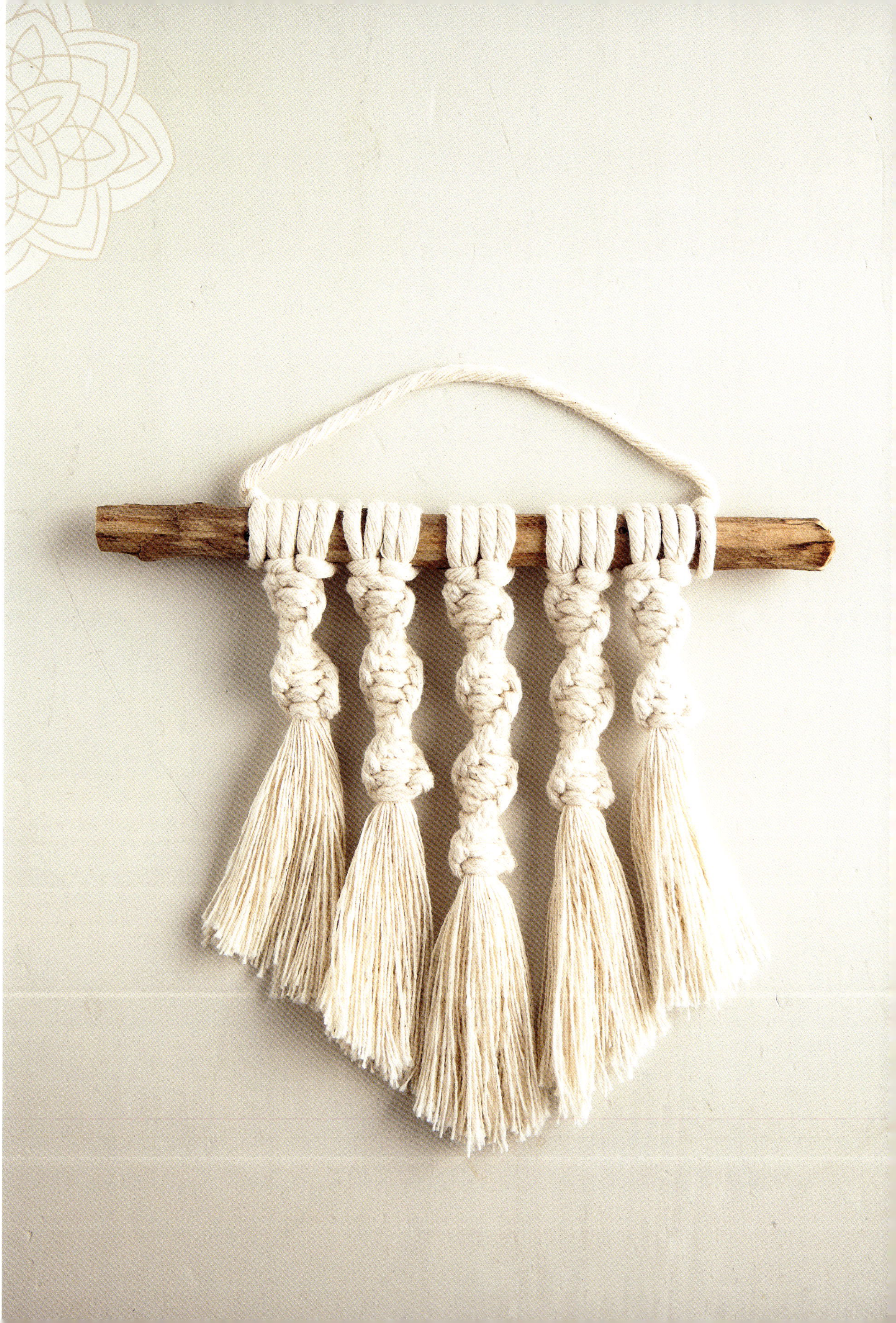

Wellenknoten-Wandbehang „Twirly“

MATERIAL

10 Baumwollfäden in Natur, einfach gezwirnt, ø 4 mm, 60 cm lang | 2 Baumwollfäden in Natur, geflochten, ø 4 mm, 80 cm lang | 2 Baumwollfäden in Natur, geflochten, ø 4 mm, 1 m lang | Baumwollfaden in Natur, geflochten, ø 4 mm, 1,20 m lang | Baumwollfaden in Natur, geflochten, ø 4 mm, 40 cm lang | Ast, ca. 20 cm lang

MOTIVLÄNGE: ca. 17 cm (ohne Aufhängung gemessen)

1 Die 60 cm langen Baumwollfäden mit dem von vorne geknoteten Ankerknoten mittig am Ast befestigen.

2 Nehmen Sie pro gedrehten Strang vier Stränge und befestigen Sie darum einen geflochtenen Baumwollfaden mit einem Wellenknoten und schieben diesen bis unter den Ast. Nutzen Sie diese Garnlängen v.l.n.r.: 80 cm, 1 m, 1,20 m, 1 m, 80 cm.

3 Knoten Sie nun gedrehte Stränge mit folgender Länge v.l.n.r.: 4 cm, 6 cm, 8 cm, 6 cm, 4 cm.

4 Die Enden auf der Rückseite verknoten und auf ca. 0,5 cm kürzen (ggf. mit Textilkleber fixieren).

5 Die Fransen auskämmen und spitz zulaufend zuschneiden.

6 Einen 40 cm langen Faden als Aufhängung befestigen.

Wellenknoten-Armreif „Amalia"

MOTIVBREITE:
ca. 0,7 cm

MATERIAL
1 Baumwollfaden in Natur, mehrfach gezwirnt, ø 2 mm, 3 m lang
Armreif, 2–3 mm dick, ø 7 cm | Schere | Sticknadel

1
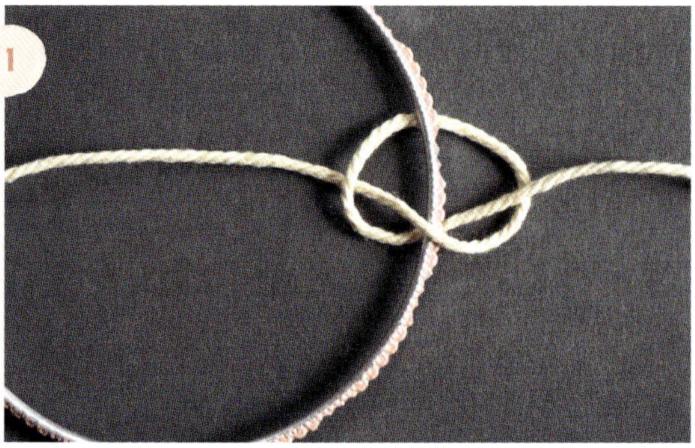

2
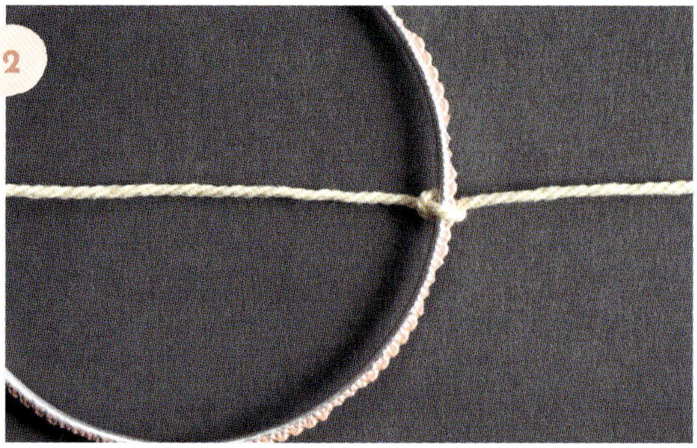

3
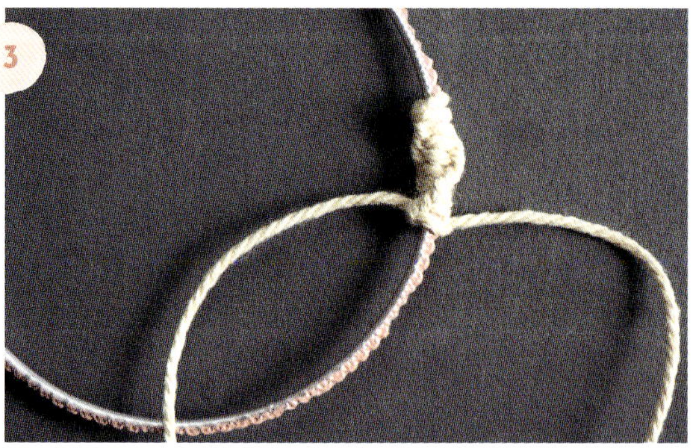

1 Legen Sie den Faden unter den Armreif, sodass der Armreif mittig auf dem Faden liegt.

2 Betrachten Sie beide Enden als zwei Arbeitsfäden und den Armreif als Trägerfaden. Knoten Sie nun den Wellenknoten so lange untereinander, bis der Armreif unter dem Muster verschwunden ist.

3 Die Enden unter dem Muster vernähen und abschneiden. Drehen Sie zum Schluss das Muster so entlang des Armreifs, dass es nahtlos ineinander übergeht.

Tipps & Tricks

Sie können den Armreif auch mit Kreuzknoten knoten.

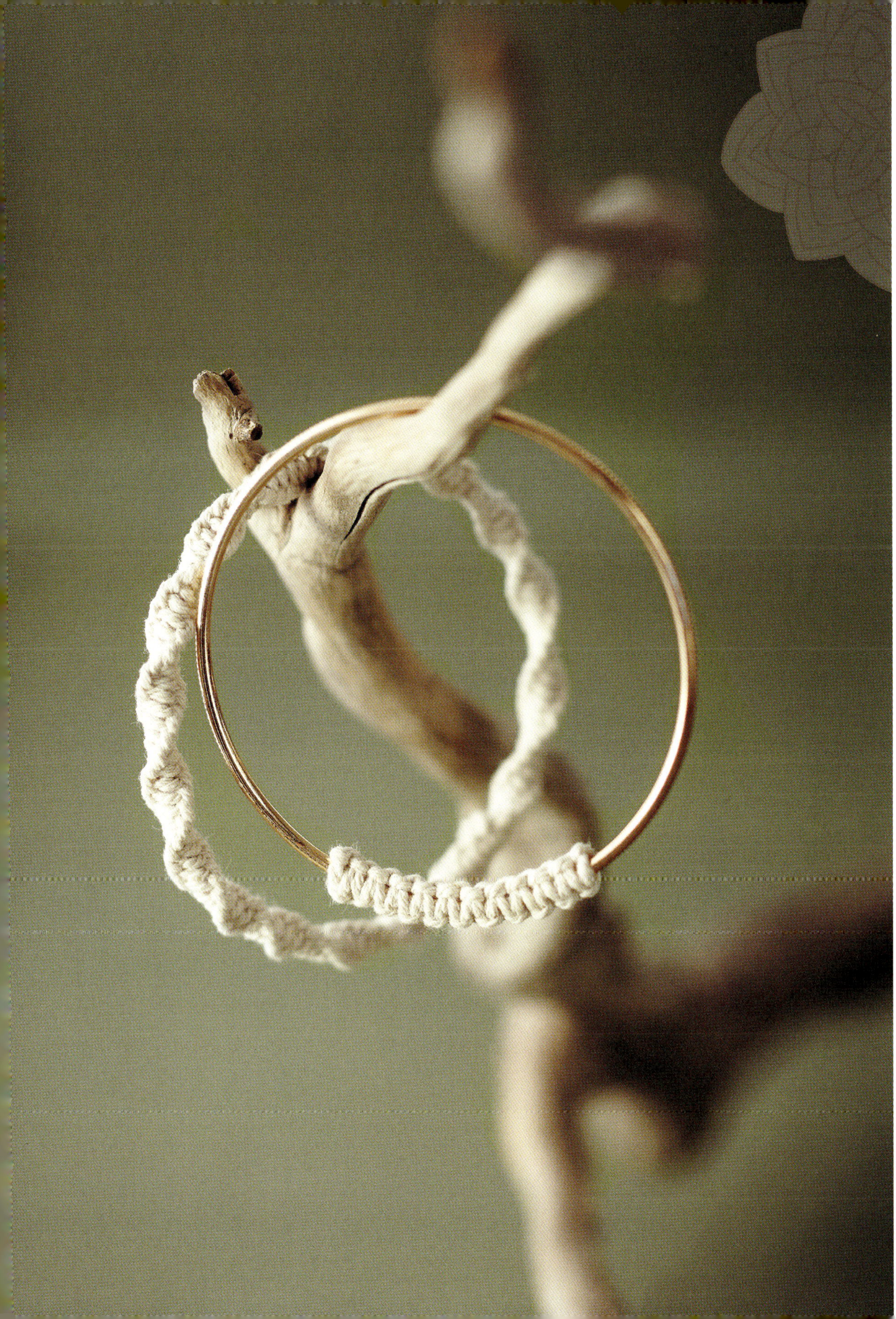

Blumenampel „Melissa“

MOTIVLÄNGE:
ca. 92 cm

MATERIAL

5 Baumwollfäden in Natur, geflochten, ø 4 mm, 5,20 m lang
Baumwollfaden in Natur, geflochten, ø 4 mm, 7 m lang
2 Baumwollfäden in Natur, geflochten, ø 4 mm, 60 cm lang | Holzring, ø 5,5 mm

Tipps & Tricks

Verkleinern Sie die Abstände der Kreuzknoten des Netzes und des unteren Wickelknotens für kleinere Töpfe oder vergrößern Sie die Abstände für größere Töpfe.

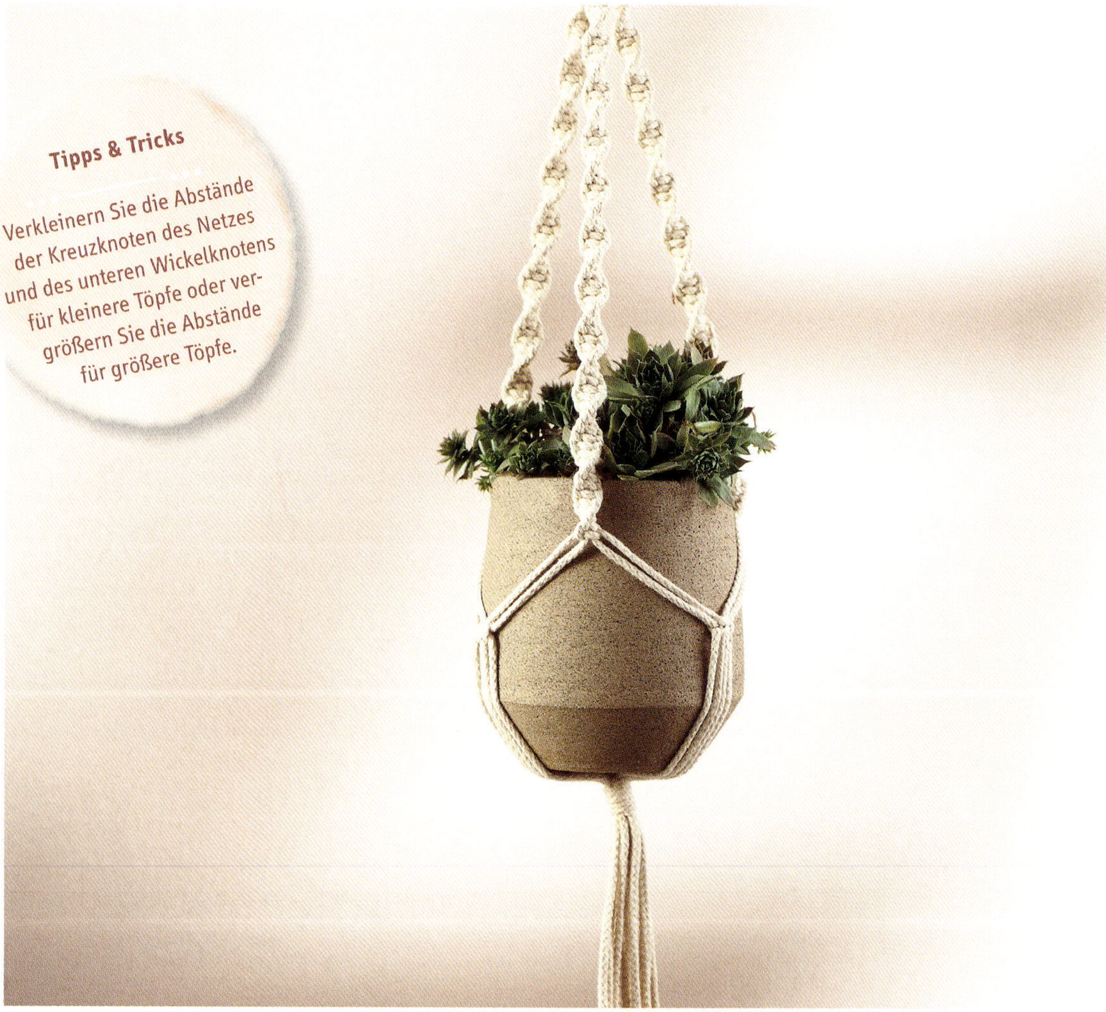

1 Führen Sie fünf 5,20 m lange und einen 7 m langen Baumwollfaden bis zur Mitte durch einen Holzring und fixieren Sie diese mit einem Wickelknoten direkt unter dem Holzring. Nutzen Sie für den Wickelknoten einen 60 cm langen Faden.

2 Mit den beiden längeren Enden des 7 m Fadens einen ungefähr 15 cm langen, gedrehten Strang mit dem Wellenknoten um die anderen, kürzeren Stränge der 5,20 m langen Fäden (=Trägerfäden) knoten.

3 Teilen Sie alle Stränge in drei Vierergruppen auf.

4 Nun werden die drei Arme der Blumenampel geknotet. Jeder Arm wird ebenfalls ein gedrehter Strang. Knoten Sie also nun mit dem Wellenknoten drei 30 cm lange, gedrehte Stränge.

5 Es folgt das Netz für den Blumentopf. Legen Sie die drei Arme nebeneinander hin. Mit den mittleren acht Strängen zwei Kreuzknoten auf gleicher Höhe in einem Abstand von ca. 7 cm zur Unterkante der gedrehten Stränge knoten.

6 Führen Sie nun die restlichen, außenliegenden Stränge in der Mitte zusammen, drehen Sie die Stränge zueinander und knoten Sie einen dritten Kreuzknoten, um so das Netz zu schließen. Achten Sie unbedingt darauf, dass beim Knoten des Netzes die Arme und Stränge nicht verdreht sind. Ich empfehle das Netz daher im hängenden Zustand zu knoten.

7 Zum Abschluss knoten Sie einen Wickelknoten in einem Abstand von ca. 12 cm zu den Kreuzknoten aus Schritt 5–6 um alle Stränge. Nutzen Sie einen 60 cm langen Faden. Kürzen Sie die Enden der Tassel auf die gewünschte Länge.

2

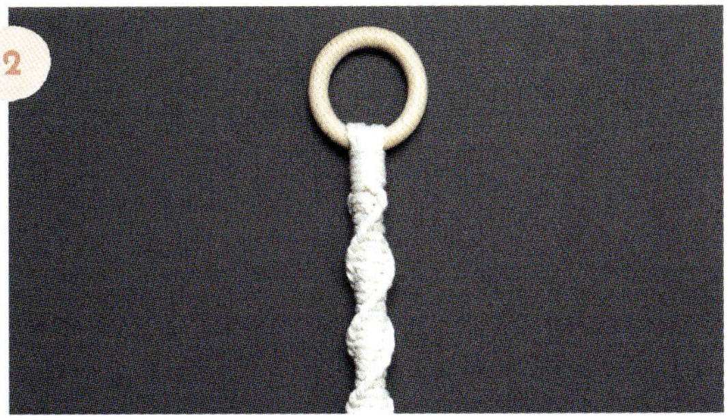

3

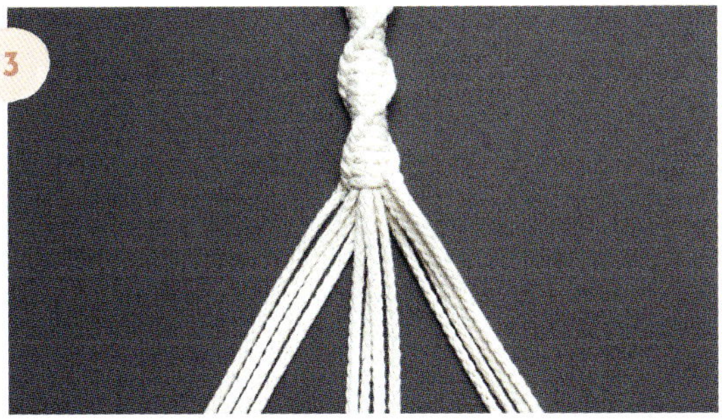

4

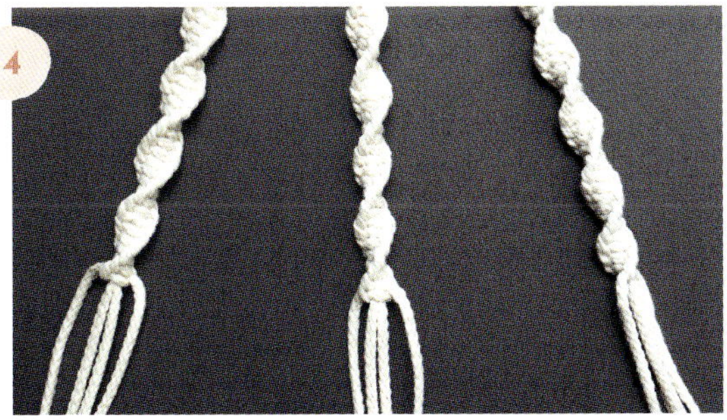

5

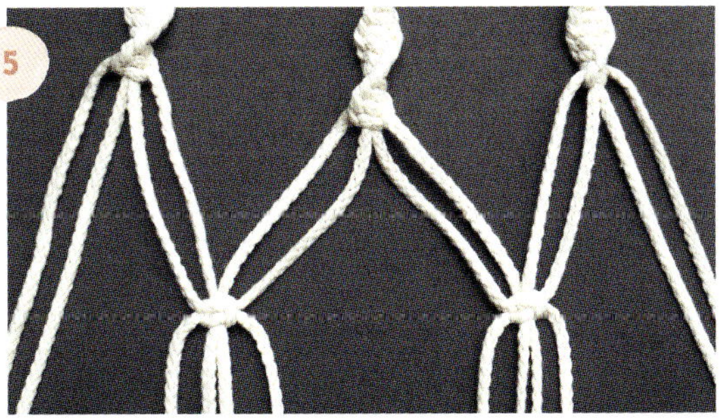

6

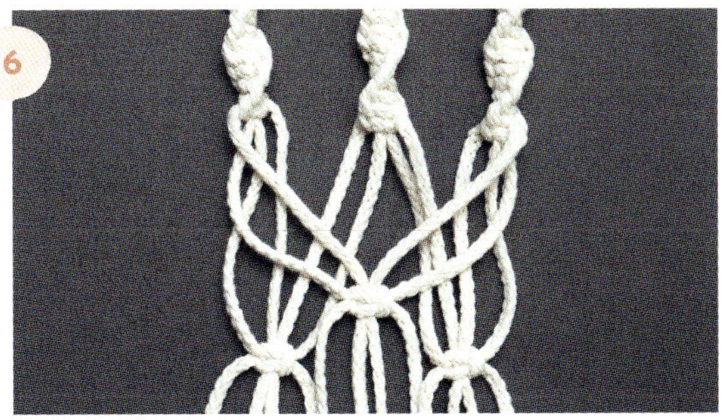

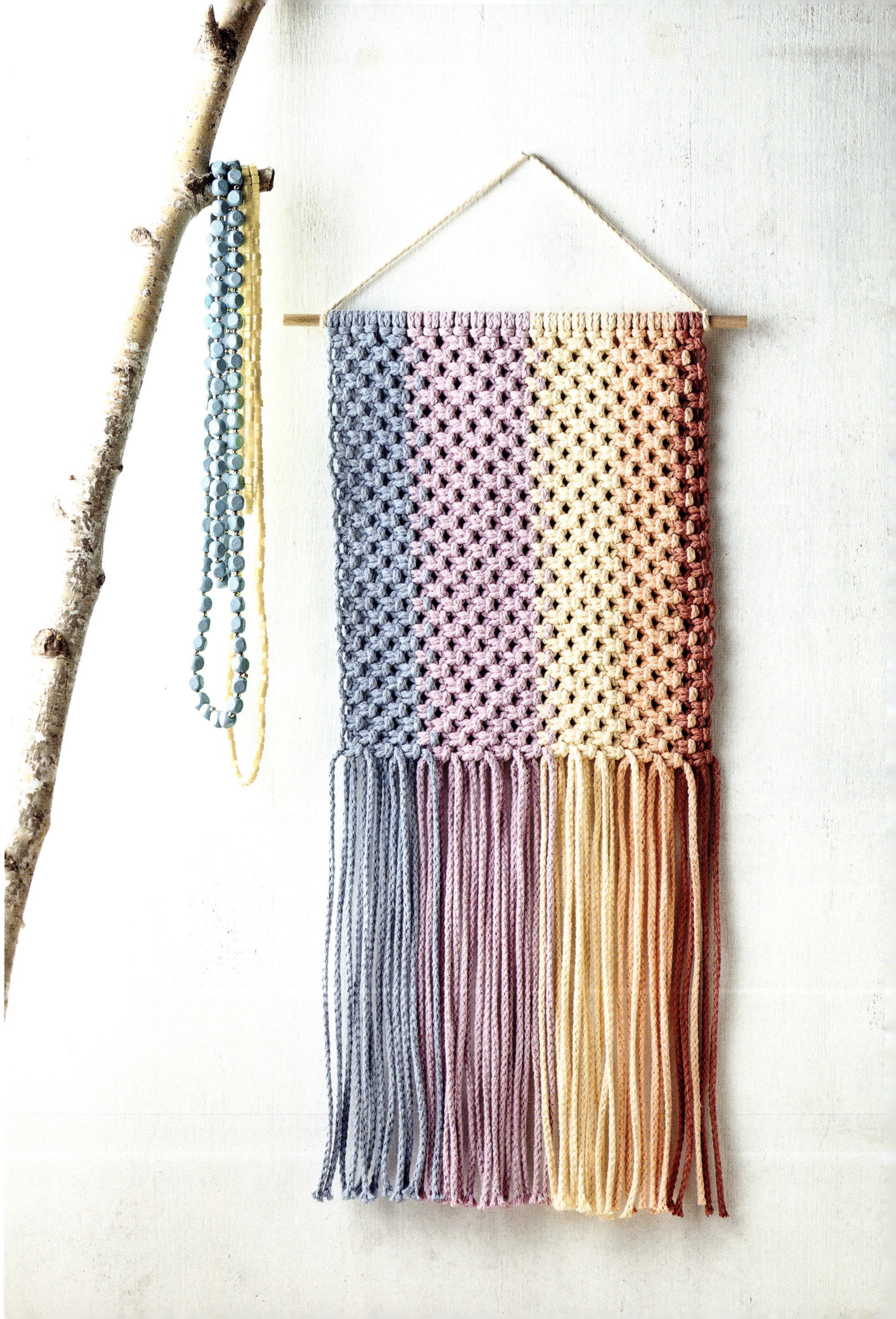

Wandbehang „Rainbow"

MATERIAL

6 Baumwollfäden in Hellblau, geflochten, ø 4 mm, 2,60 m lang | 8 Baumwollfäden in Flieder, geflochten, ø 4 mm, 2,60 m lang | 6 Baumwollfäden in Vanille, geflochten, ø 4 mm, 2,60 m lang | 4 Baumwollfäden in Apricot, geflochten, ø 4 mm, 2,60 m lang | 2 Baumwollfäden in Altrosa, geflochten, ø 4 mm, 2,60 m lang | Baumwollfaden in Natur, geflochten, ø 4 mm, 60 cm lang | Rundholz, ø 8 mm, 30 cm lang | Schere

MOTIVLÄNGE:
ca. 56 cm
(ohne Aufhängung gemessen)

1 Befestigen Sie alle 2,60 m langen Baumwollfäden mit dem von vorne geknoteten Ankerknoten an einem 30 cm langem Rundholz. Die farbliche Abfolge der befestigten Fäden ist wie folgt (von links nach rechts): Hellblau, Flieder, Vanille, Apricot, Altrosa.

2 Knoten Sie mit allen Strängen 13 Kreuzknoten nebeneinander.

3 Es folgt eine versetzte Reihe Kreuzknoten. Legen Sie dazu auf beiden Seiten jeweils die beiden äußeren Stränge beiseite. Knoten Sie mit den restlichen Strängen zwölf Kreuzknoten.

4 Wiederholen Sie nun abwechselnd Schritt 2 und Schritt 3, bis Sie insgesamt 31 Reihen geknotet haben.

5 Kürzen Sie die Enden auf die gewünschte Länge.

6 Befestigen Sie einen 60 cm langen, naturfarbenen Baumwollfaden mit zwei Doppelknoten außen am Rundholz, um den Wandbehang aufhängen zu können.

2

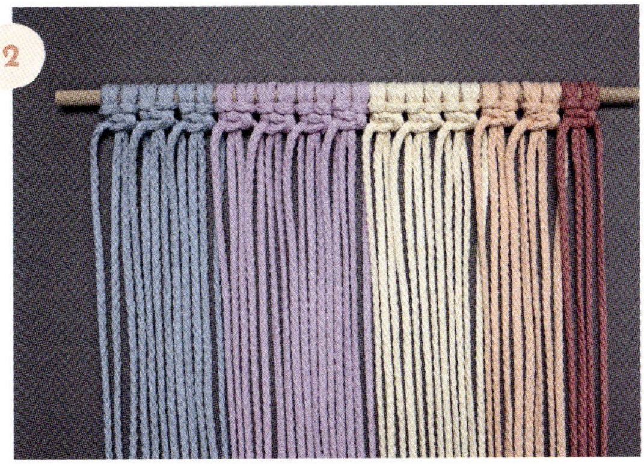

3

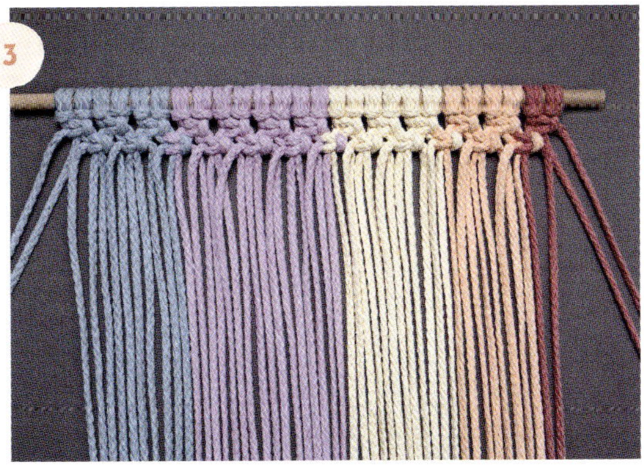

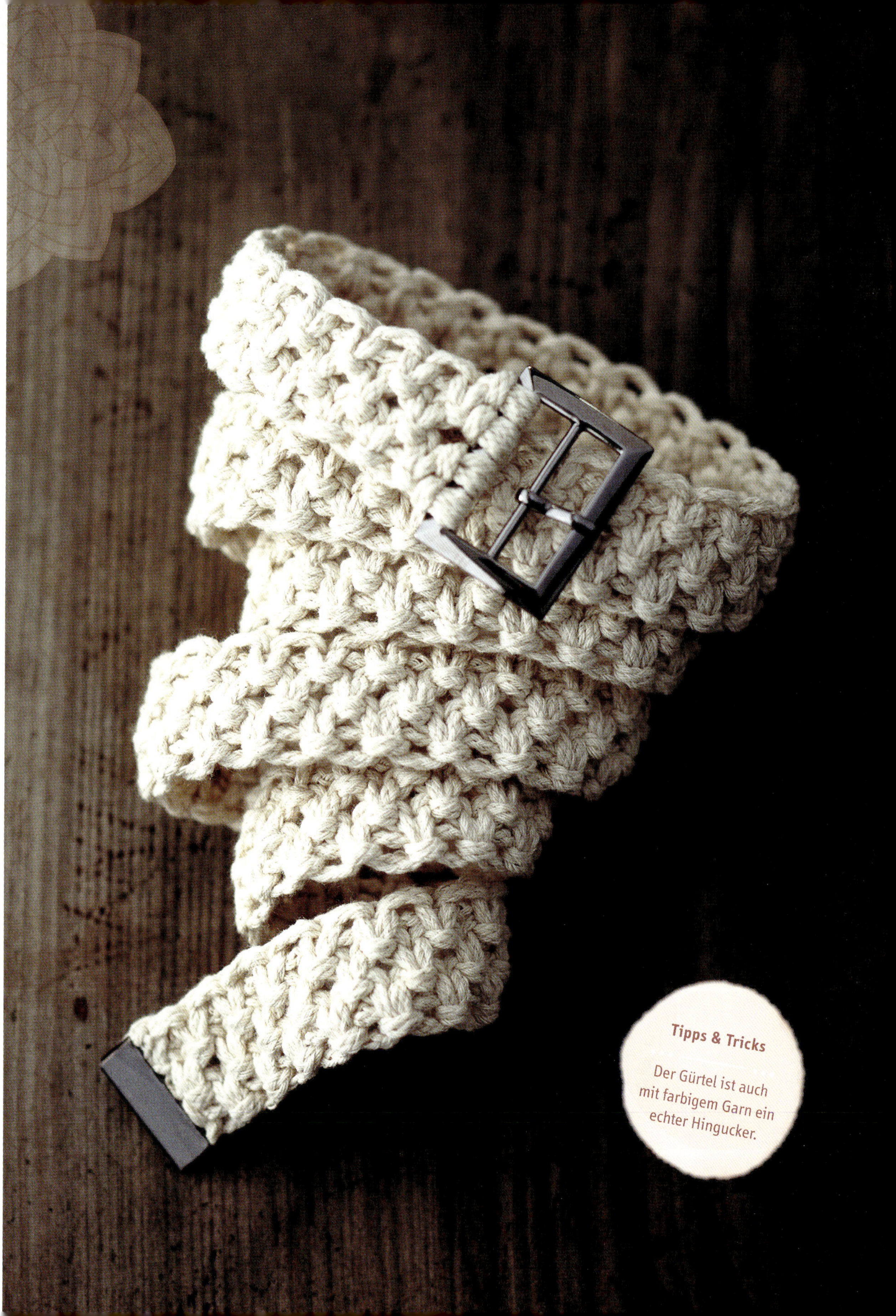

Tipps & Tricks

Der Gürtel ist auch mit farbigem Garn ein echter Hingucker.

Boho-Gürtel „Myriam“

MATERIAL

4 Baumwollfäden in Natur, geflochten, ø 3 mm, 5,5 m lang
Gürtelschnalle in dunklem Silber | Endstück in dunklem Silber | Schere | Zange

MOTIVBREITE:
ca. 2,5 cm

1 Die vier Baumwollfäden mit dem von vorne geknoteten Ankerknoten unten an der Gürtelschnalle befestigen.

2 Knoten Sie mit allen acht Strängen zwei Kreuzknoten nebeneinander direkt unter der Gürtelschnalle.

3 Es folgt eine Reihe mit einem versetzten Kreuzknoten. Legen Sie dazu auf beiden Seiten zwei Stränge zur Seite und knoten Sie mit den vier mittleren Strängen einen Kreuzknoten.

4 Wiederholen Sie Schritt 2 und 3 bis Sie etwa 1,10 m geknotet haben. Den Abschluss sollten zwei Kreuzknoten nebeneinander bilden. Schneiden Sie die Enden auf etwa 0,5 cm ab und befestigen Sie das Endstück daran.

2

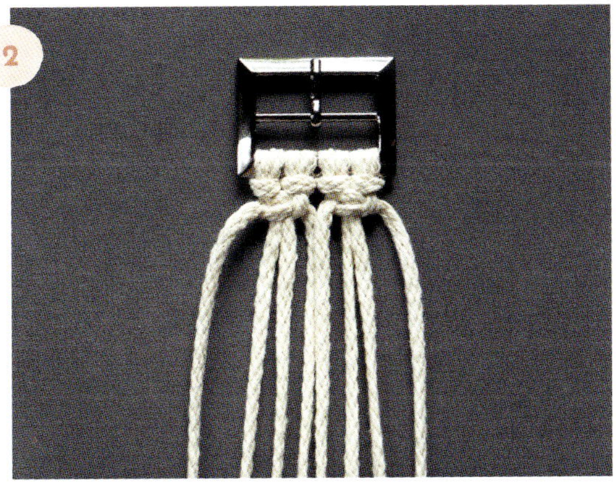

3

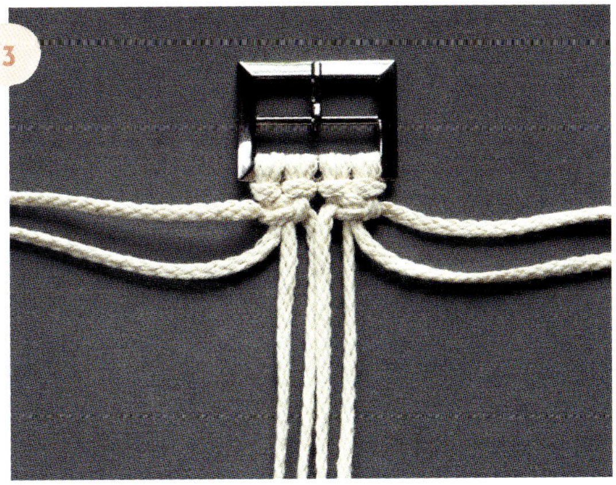

Tipps & Tricks

Verwenden Sie die Garnreste für kleinere SchmuckProjekte aus diesem Buch.

Korb-Bordüre „Quirky"

MATERIAL

MOTIVBREITE:
ca. 9 cm

2 Baumwollfäden in Natur, geflochten, ø 4 mm, 4 m lang | 2 Baumwollfäden in Natur, geflochten, ø 4 mm, 85 cm lang | 29 Baumwollfäden in Natur, einfach gezwirnt, ø 4 mm, 20 cm lang | Korb, 16 cm hoch, ø 18 cm

1 Legen Sie zwei 4 m lange und zwei 80 cm lange Baumwollfäden so bündig nebeneinander, dass die beiden kürzeren Fäden in der Mitte liegen.

2 Die Fäden mit Kreppklebeband zum Knoten fixieren, sodass die untere Kante des Klebebands ca. 15 cm von der oberen Kante entfernt liegt.

3 Es folgt ein 54 cm langer Strang aus Kreuzknoten mit Schlaufen (frz. *picots*). Knoten Sie dafür abwechselnd einen Kreuzknoten ohne Abstand für eine Schlaufe und einen Kreuzknoten mit Abstand für eine Schlaufe. Für die Schlaufen lassen Sie einen Abstand von einer Fingerbreite (ca. 1,5 cm) zwischen den Knoten. Schieben Sie die Knoten immer wieder zusammen.

4 Anschließend befestigen Sie auf einer Seite je einen 20 cm langen, einfach gezwirnten Baumwollfaden mit dem von vorne geknoteten Ankerknoten an der Schlaufe. Sie können hier alternativ auch geflochtenes Garn verwenden.

5 Kämmen Sie die Fransen dann aus und kürzen Sie diese auf die gewünschte Länge.

6 Zum Schluss wird der Strang so um den Korb geführt, dass die Fransen nach unten hängen. Hinten werden alle Enden des Kreuzknoten-Strangs mit einem Wickelknoten fixiert, sodass die Bordüre um den Korb hält.

3a
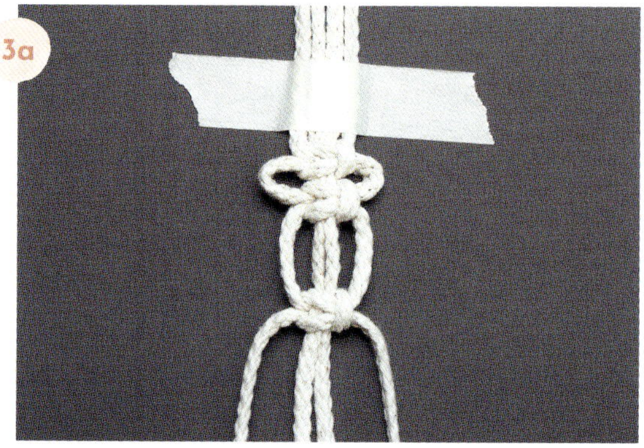

3b
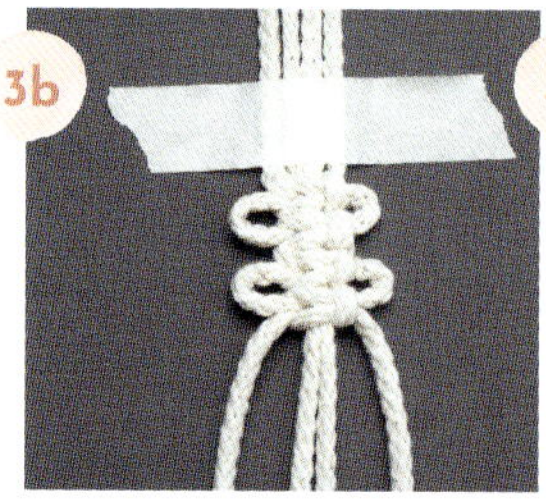

3c
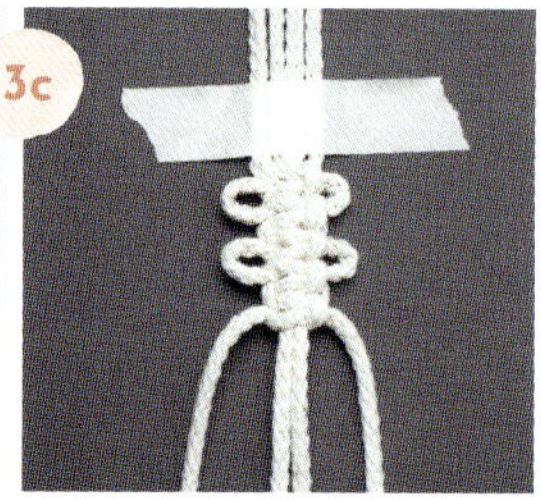

4
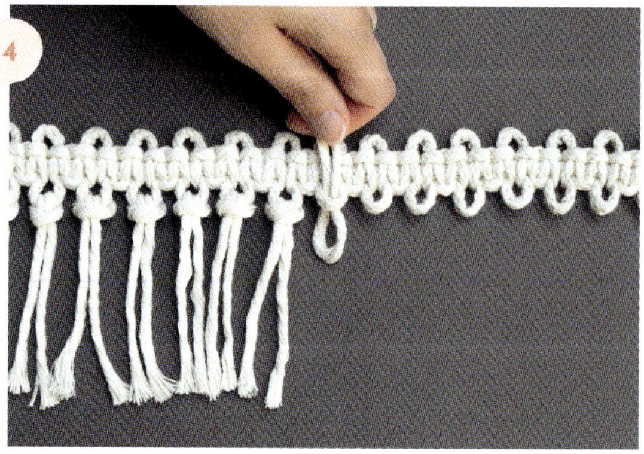

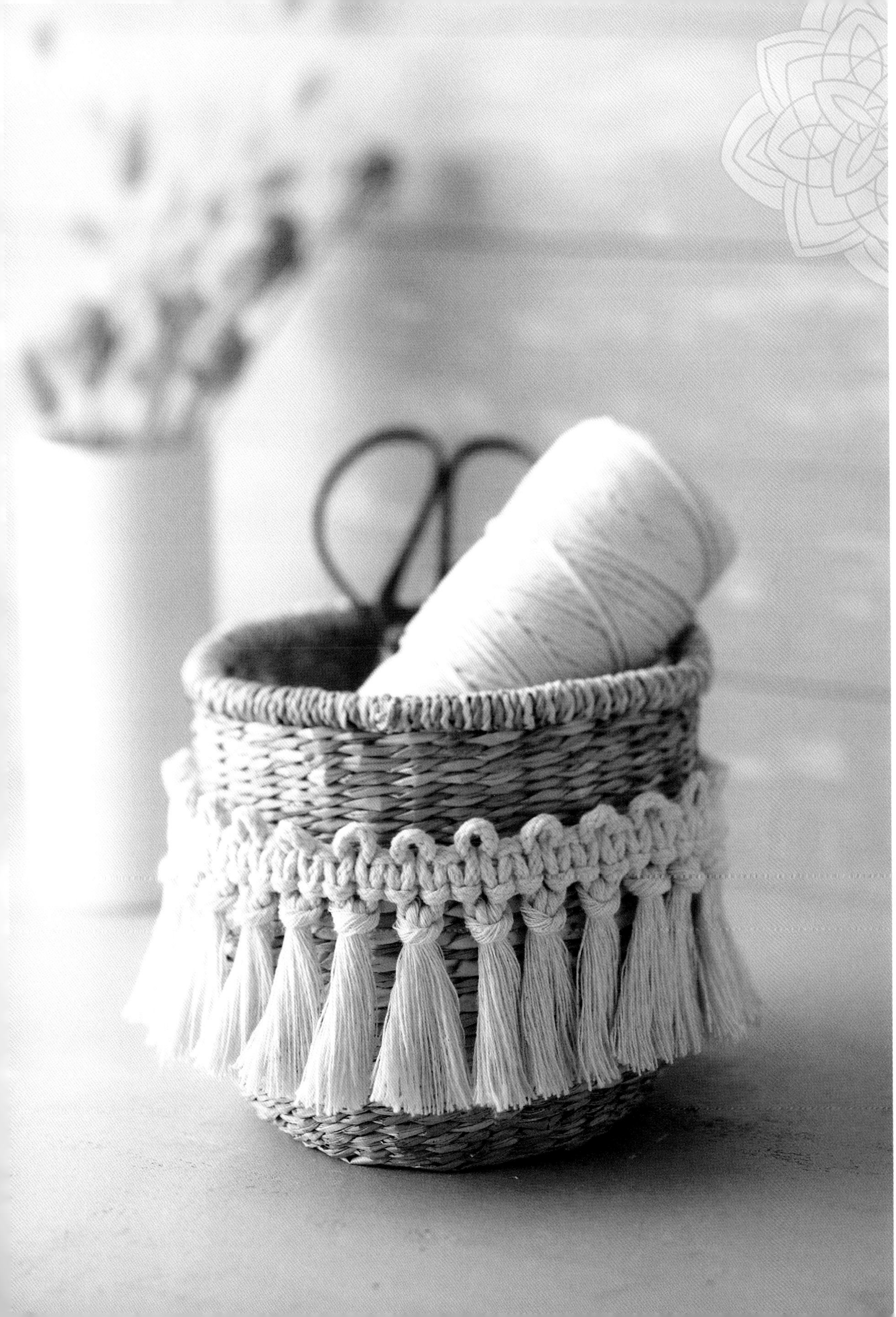

Tipps & Tricks

Sie können das Windlicht auch zum Hinstellen anfertigen. Dazu, anstatt alle Stränge unter dem Glas mit einem Wickelknoten zu fixieren, die Enden gleichmäßig nebeneinanderliegend unter dem Glas mit Kleber fixieren.

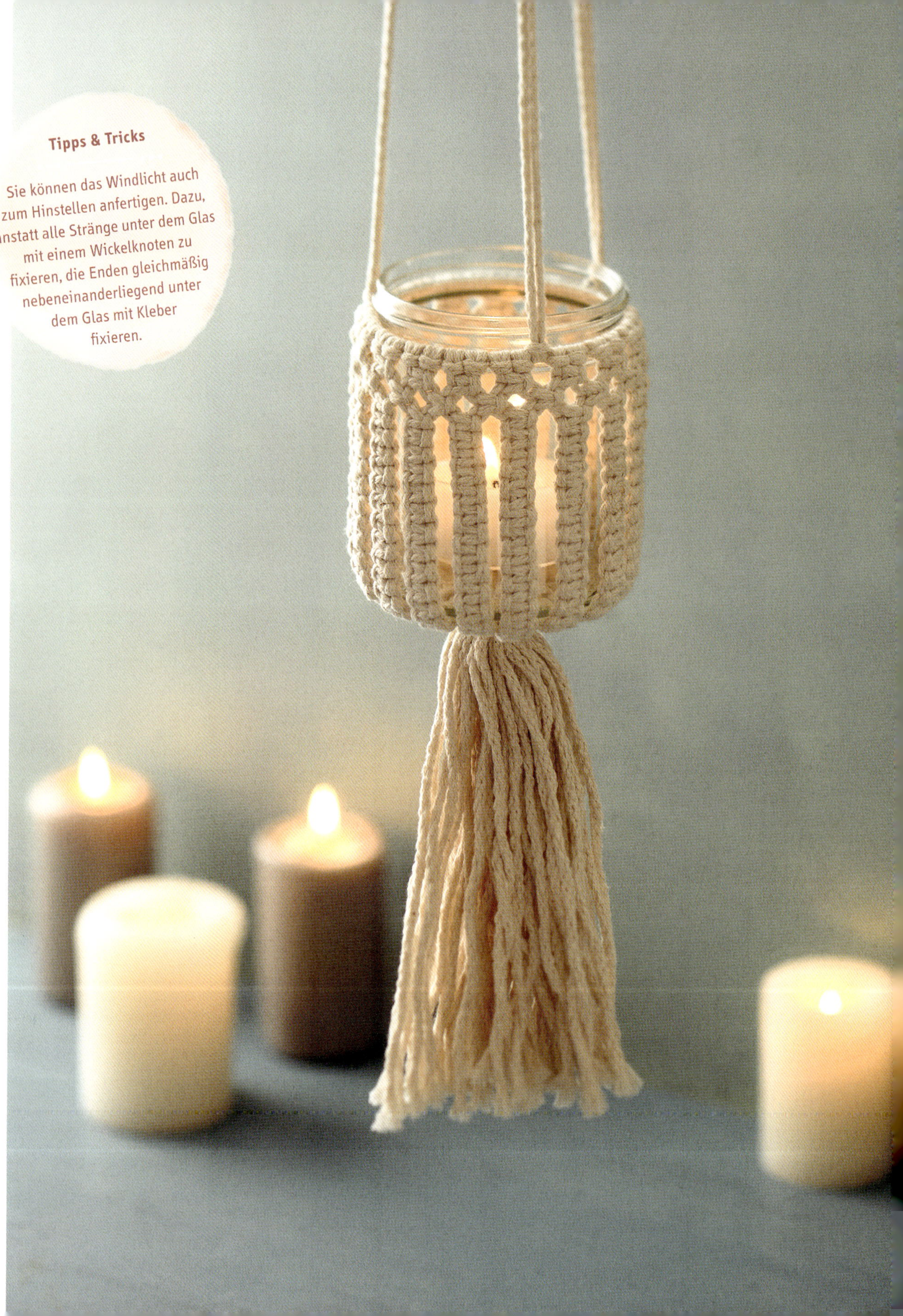

Hängendes Windlicht „Soraya"

MATERIAL

33 Baumwollfäden in Natur, geflochten, ø 2–3 mm, 1,50 m lang | Baumwollfaden in Natur, geflochten, ø 2–3 mm, 1,80 m lang | Baumwollfaden in Natur, geflochten, ø 2–3 mm, 80 cm lang | 3 Baumwollfäden in Natur, geflochten, ø 2–3 mm, 1,20 m lang | Baumwollfaden in Natur, geflochten, ø 2–3 mm, 40 cm lang | Konservenglas, 10 cm hoch, Schraubverschluss ø 8 cm | Schlüsselring, ø 2,5 cm

MOTIVLÄNGE:
ca. 81 cm

1 Befestigen Sie 33 Fäden in 1,50 m Länge mit dem von vorne geknoteten Ankerknoten mittig an einem 1,80 cm langen Baumwollfaden. Danach den Trägerfaden um den Schraubverschluss des Glases führen und die beiden Enden mit einem Doppelknoten verknoten. Achten Sie hierbei darauf, dass die beiden Enden nach dem Verknoten ungefähr gleich lang sein sollten, da mit ihnen im Folgenden genauso geknotet wird, wie mit den befestigten Fäden.

2 Anschließend werden die befestigten Fäden gleichmäßig um das Glas verteilt.

3 Knoten Sie nun mit allen Strängen um das Glas herum 17 Kreuzknoten.

1

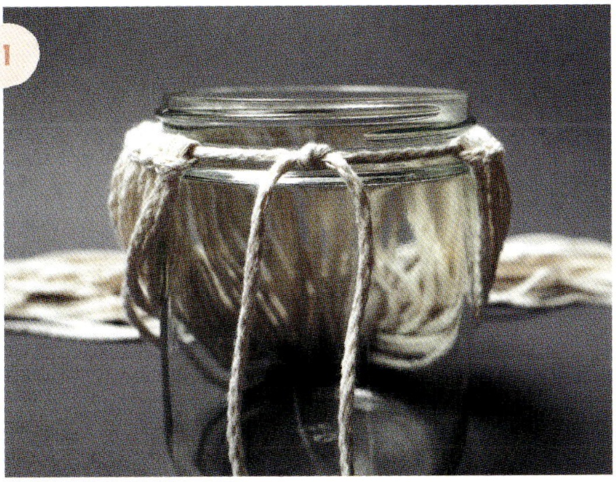

3

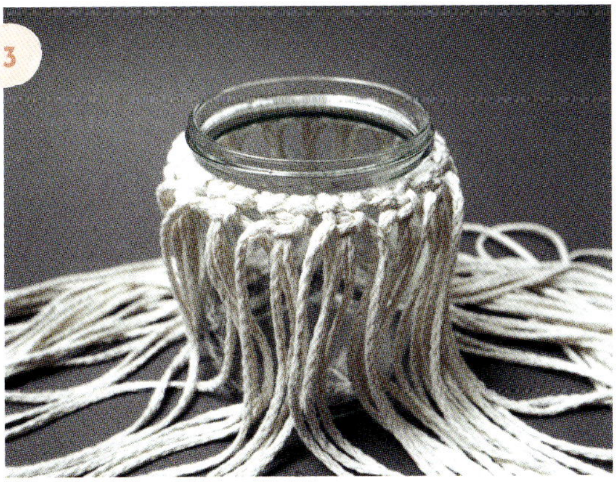

4 Knoten Sie im Anschluss eine Reihe mit versetzten Kreuzknoten rund um das Glas herum.

5 Nun wird erneut eine versetzte Kreuzknoten-Reihe geknotet, allerdings knoten Sie dieses Mal nicht nur jeweils einen Kreuzknoten, sondern mehrere Kreuzknoten-Stränge bestehend aus ungefähr 14 Kreuzknoten bzw. in einer Länge von ca. 9 cm. Die Anzahl der Kreuzknoten hängt davon ab, wie locker oder fest Sie knoten. Orientieren Sie sich deswegen einfach an der Höhe des Glases. Die Kreuzknoten-Stränge sollten so lang sein, dass sie sich in der Mitte des Bodens des Glases treffen.

6 Führen Sie alle Stränge in der Mitte unter dem Glas zusammen und fixieren Sie diese mit einem Wickelknoten. Nutzen Sie dafür einen 80 cm langen Faden. Ziehen Sie anschließend vorsichtig an jedem Faden (bis auf die Enden des Wickelknotens), um Schlaufen herauszuarbeiten und ggf. die Position des Wickelknotens zum Glas zu korrigieren. Der Wickelknoten sollte möglichst mittig unter dem Glasboden sitzen. Justieren Sie einfach nach.

4

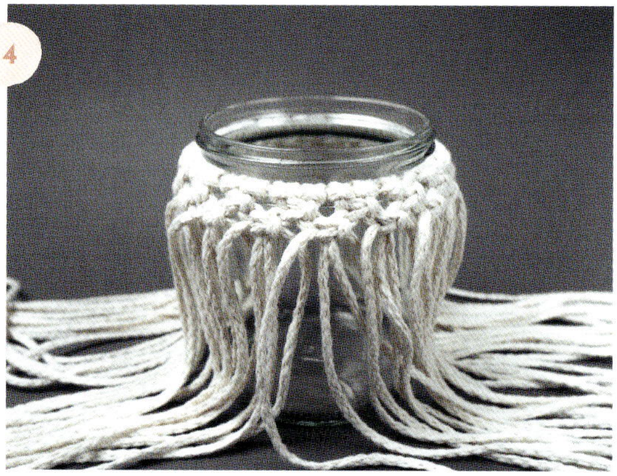

5

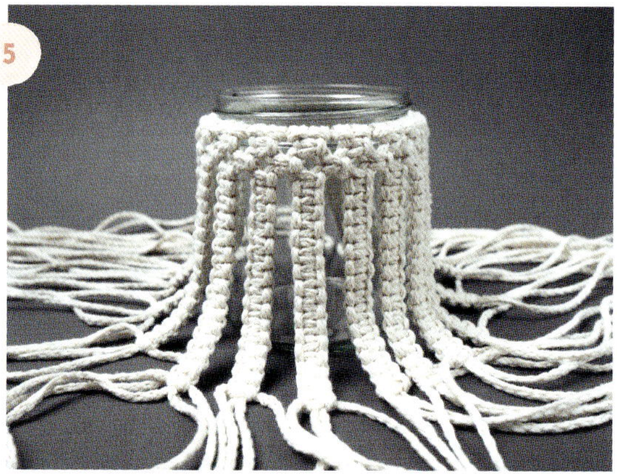

6

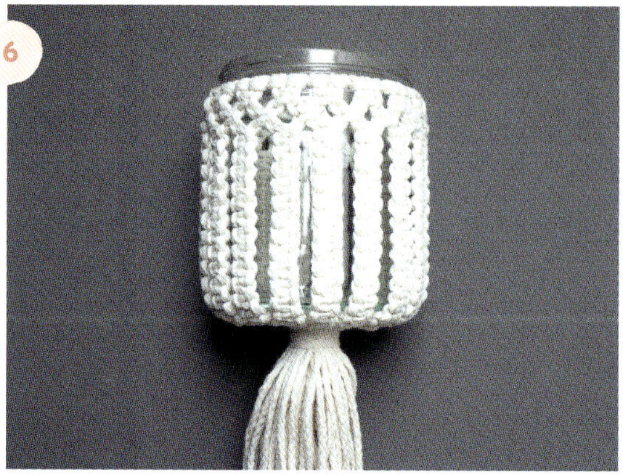

Tipps & Tricks

Die Länge der Tasseln und Fransen bestimmt maßgeblich den Look Ihres Makramee-Projekts. Ich empfehle daher, erst einmal etwas weniger zu kürzen und dann nachzukürzen, falls Ihnen die Länge noch nicht gefällt. Es hilft auch, wenn Sie das Modell bereits an seinen schlussendlichen Platz hängen und es sich im Gesamt-Raumkontext anschauen.

HINWEIS Nutzen Sie nur Teelichter. Wenn Sie Stumpfenkerzen verwenden wollen, nutzen Sie bitte LED-Kerzen.

7 Kürzen Sie die Enden der Tassel auf die gewünschte Länge. Wenn Sie wollen, können Sie sie natürlich auch auskämmen.

8 Am Trägerfaden aus Schritt 1 zusätzlich drei weitere 1,20 m lange Baumwollfäden mit dem Ankerknoten gleichmäßig verteilt befestigen (nehmen Sie hier gerne eine Häkelnadel zur Hilfe).

9 Danach alle Enden ca. 5 cm durch einen Schlüsselring führen und mit einem Wickelknoten fixieren. Nutzen Sie für diesen Wickelknoten einen 40 cm langen Faden. Sollten Sie keinen Schlüsselring zur Hand haben, nutzen Sie alternativ einen Holzring oder legen Sie ohne Ring eine Schlaufe.

Tipps & Tricks

Sie können Ihr Makramee-Windlicht natürlich auch umfunktionieren und zwischendurch als hängende Vase für Trockenblumen oder frische Blumen verwenden!

HINWEIS
Lassen Sie offene Flammen niemals unbeaufsichtigt.

8a

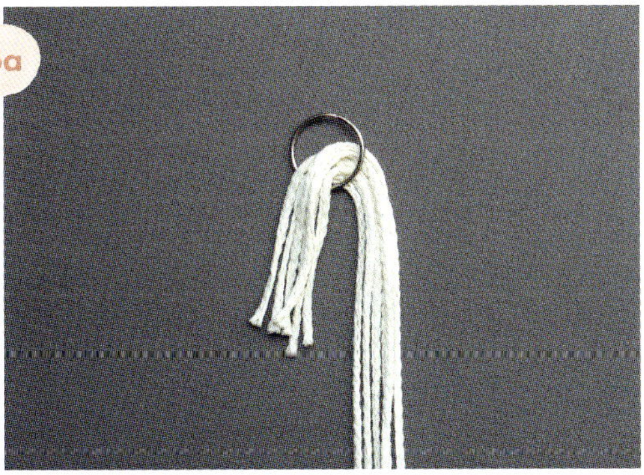

8b

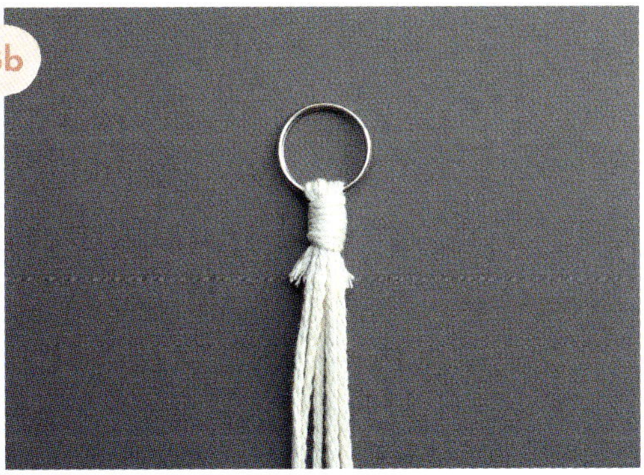

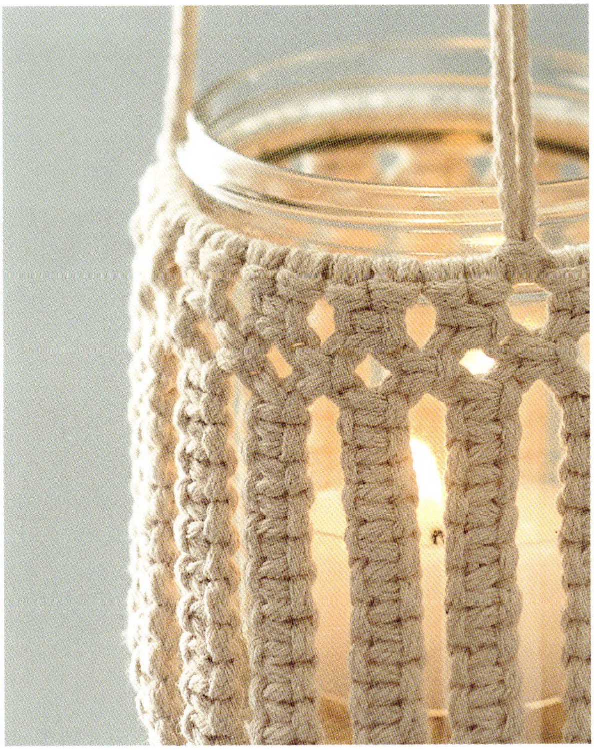

Kleines Windlicht „Belle“

MOTIVLÄNGE:
ca. 14 cm

MATERIAL

17 Baumwollfäden in Natur, geflochten, ø 2–3 mm, 60 cm lang | 24 Baumwollfäden in Natur, geflochten, ø 2–3 mm, 30 cm lang | Baumwollfaden in Natur, geflochten, ø 2–3 mm, 90 cm lang | Schraubglas, ø 9 cm, Schraubverschluss ø 7,5 cm, 14 cm hoch | Schere

1 Befestigen Sie alle 60 cm langen Fäden mittig an dem 90 cm langen Faden.

2 Führen Sie den 90 cm langen Faden aus Schritt 1 um den Schraubverschluss des Glases und verknoten Sie die Enden mit einem Doppelknoten. Verteilen Sie die 60 cm langen Fäden so, dass sie in Zweiergruppen angeordnet sind, zwischen denen jeweils etwa 1,5 cm liegen. Der einzelne 60 cm lange Faden wird den beiden Strängen des Doppelknotens zugeordnet. Mit den Strängen des Doppelknotens wird genauso geknotet wie mit den restlichen Strängen.

3 Knoten Sie mit allen 36 Strängen neun Kreuzknoten.

4 Legen Sie alle Stränge zur Seite, bis auf die Stränge von drei nebeneinanderliegenden Kreuzknoten.

5 Knoten Sie zwei versetzte Kreuzknoten in einem Abstand von etwa 1 cm zur Reihe zuvor. Dazu die beiden jeweils äußeren Stränge zur Seite legen und mit den restlichen acht Strängen zwei Kreuzknoten knoten.

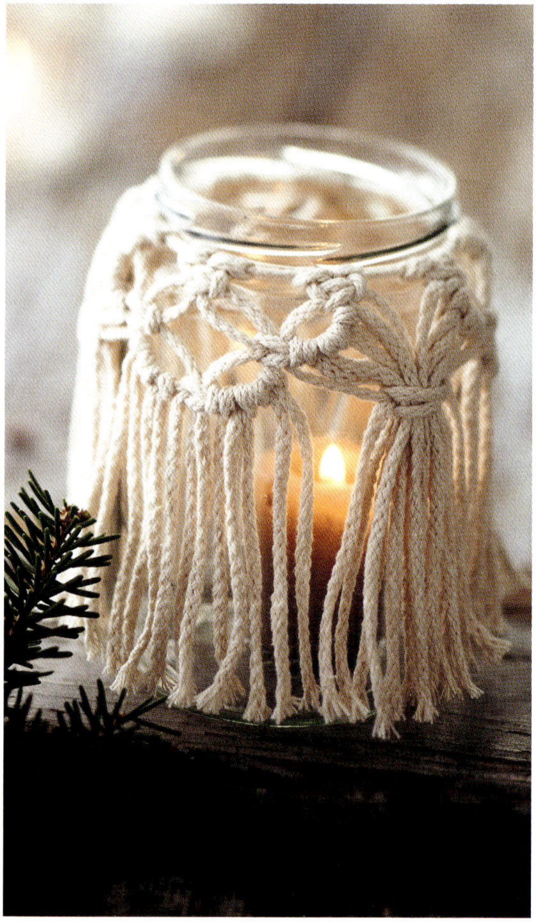

6 Es folgt ein weiterer versetzter Kreuzknoten in einem Abstand von etwa 1 cm zur zweiten Reihe. Dazu zusätzlich auf beiden Seiten jeweils zwei Stränge beiseitelegen, sodass nur noch 4 Stränge vor Ihnen liegen.

7 Durch den Abstand zwischen den einzelnen Reihen sind an der Seite Schlaufen entstanden. An dem äußeren Faden der Schlaufen werden jeweils zwei 30 cm lange Fäden mit dem von hinten geknoteten Ankerknoten befestigt.

8 Wiederholen Sie Schritt 4–7 für zwei weitere Dreiecke aus Kreuzknoten um das Glas herum. Anschließend wird ein Kreuzknoten mittig zwischen den Dreiecken gesetzt. Dazu nutzen Sie den unteren losen Faden der Kreuzknoten der zweiten Reihe als Arbeitsfäden. Alle Fäden zwischen den beiden Arbeitsfäden sind Trägerfäden. Knoten Sie also mit dem jeweils achten Strang von oben einen Kreuzknoten um alle 14 Trägerfäden. Ziehen Sie anschließend vorsichtig an jedem Trägerfaden, damit sie in der richtigen Position liegen und ein sauberes Knotenbild entsteht.

9 Kürzen Sie die Enden auf Höhe des Glases.

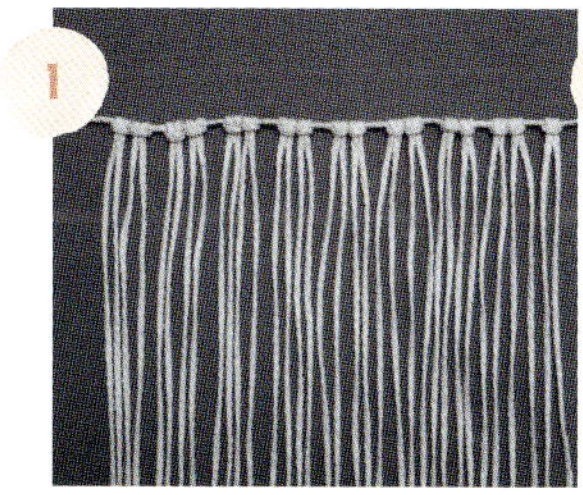

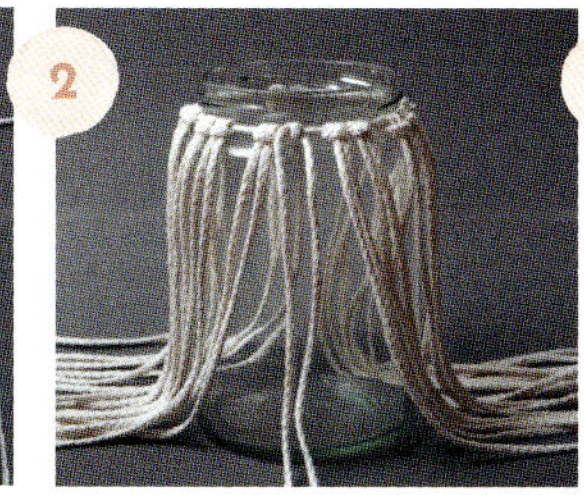

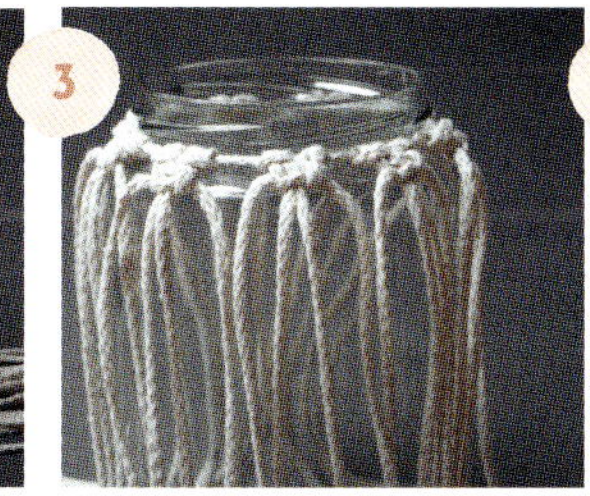

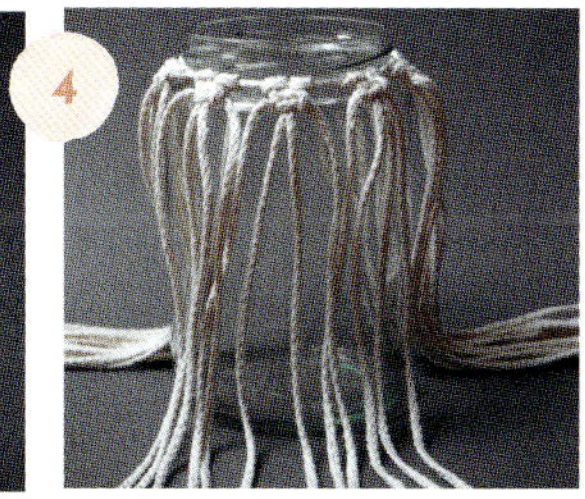

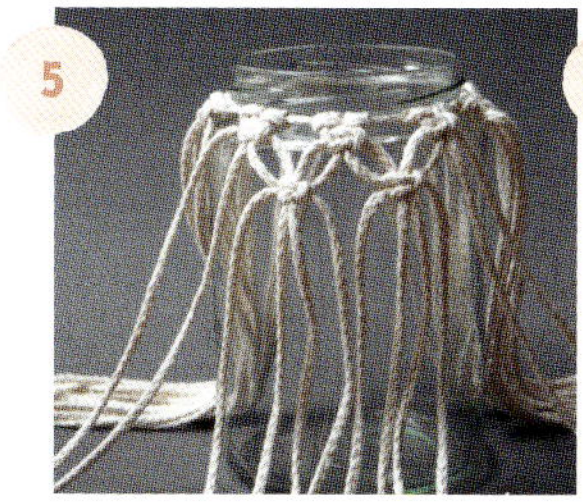

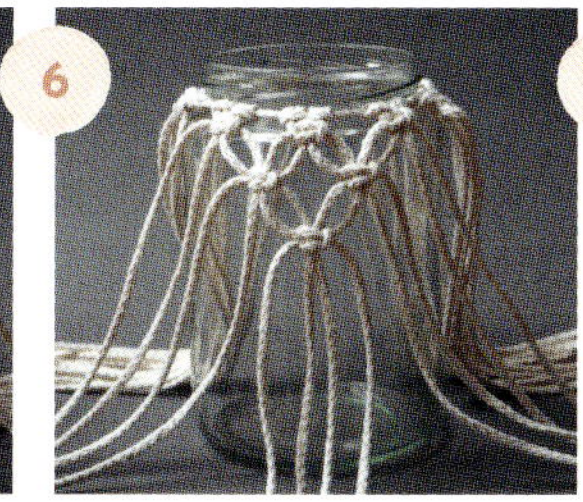

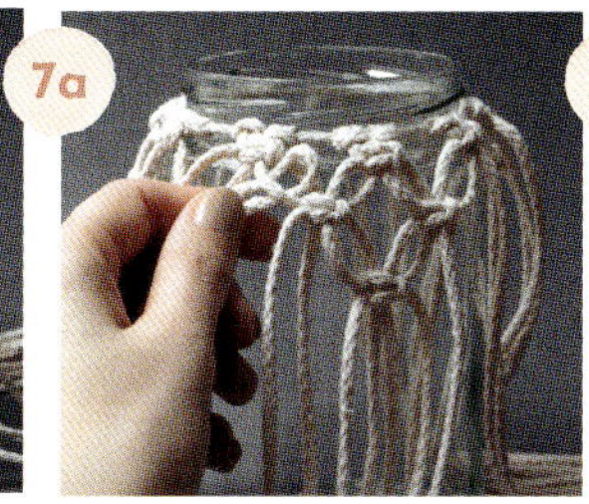

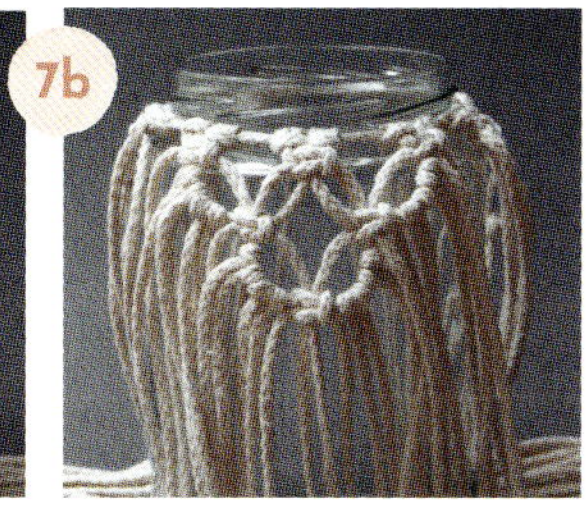

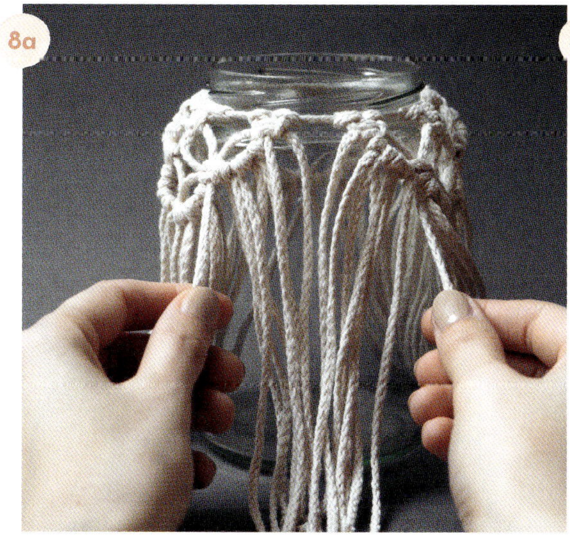

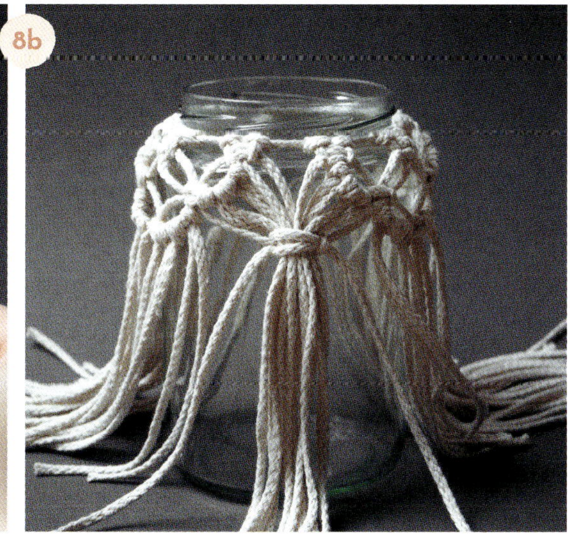

Kleiner Tischläufer „Hera"

MOTIVLÄNGE:
ca. 75 cm

MATERIAL

24 Baumwollfäden in Natur, geflochten, ø 4 mm, 1,5 m lang
(Krepp-)Klebeband | Schere

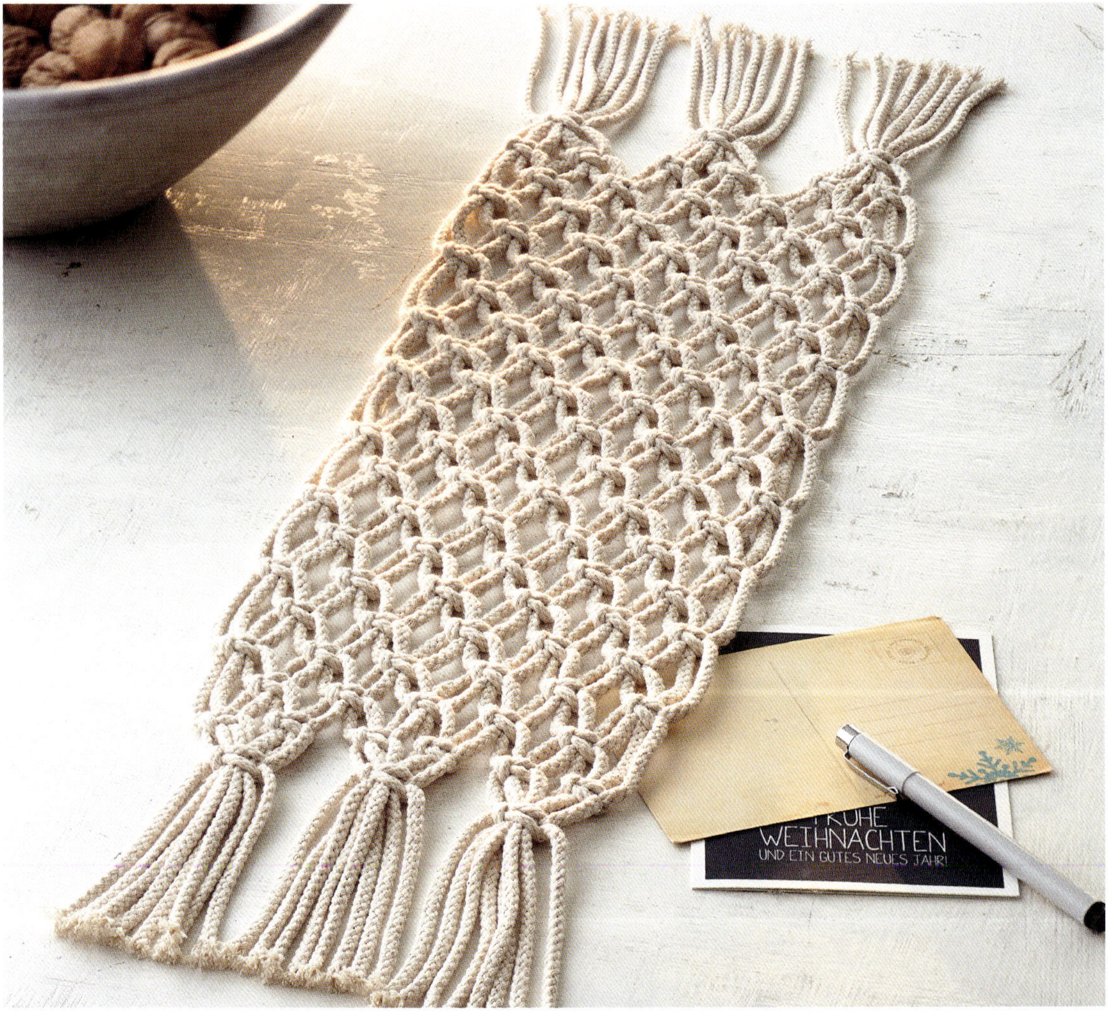

2

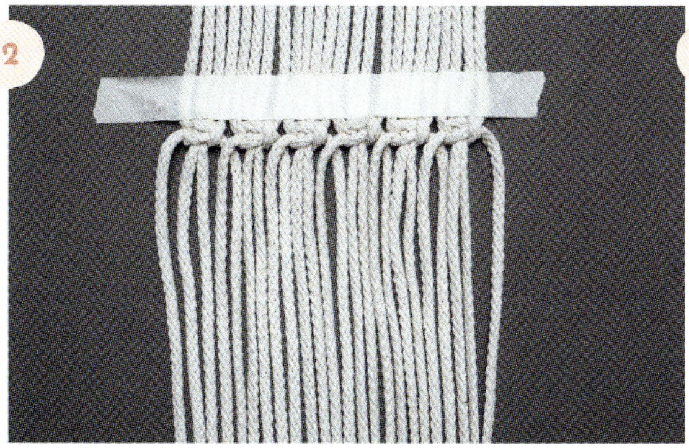

3

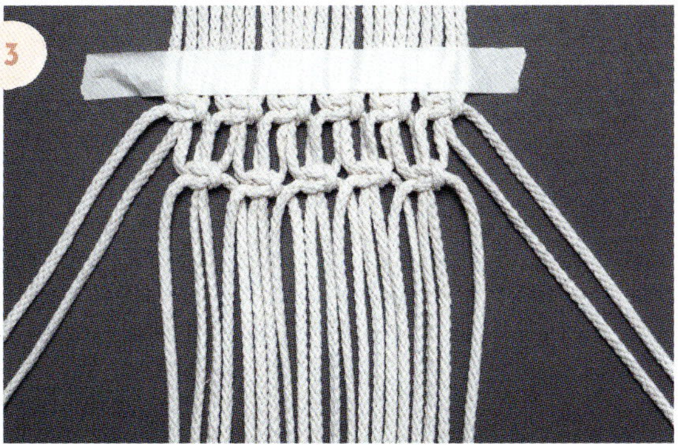

6a

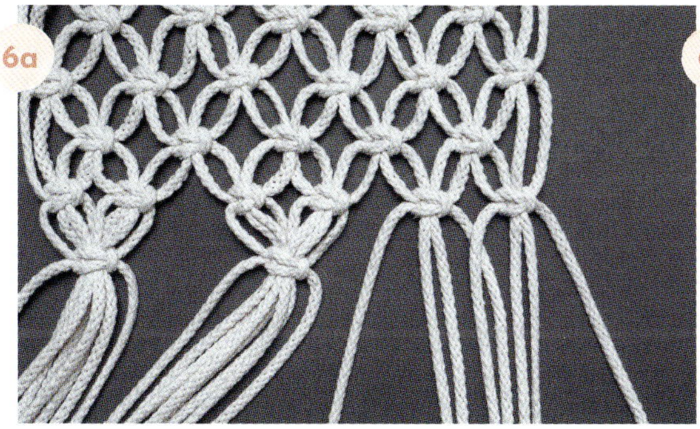

6b

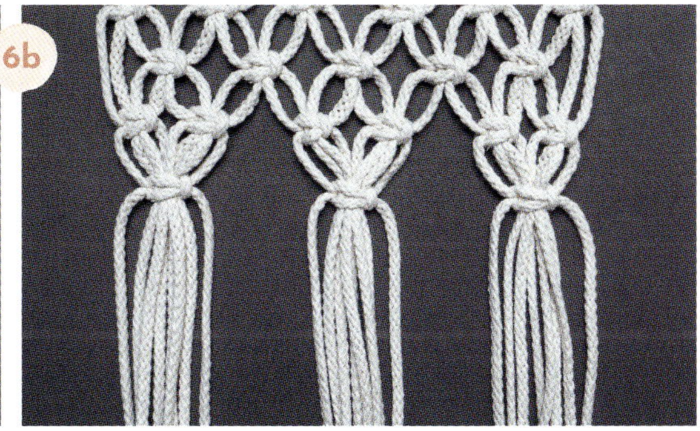

1 Legen Sie alle Fäden bündig abschließend nebeneinander und fixieren Sie diese mit Klebeband, sodass die untere Kante des Klebebands etwa 20 cm von den oberen Enden der Fäden entfernt ist.

2 Knoten Sie mit allen Strängen sechs Kreuzknoten nebeneinander direkt unter dem Klebeband.

3 Es folgt eine versetzte Reihe Kreuzknoten in einem Abstand von etwa 2 cm zu der Reihe zuvor. Legen Sie dazu die jeweils beiden äußeren Stränge zur Seite. Knoten Sie mit den restlichen 20 Strängen fünf Kreuzknoten 2 cm von der ersten Reihe entfernt.

4 Nehmen Sie die in Schritt 3 zur Seite gelegten Stränge wieder hinzu und knoten Sie sechs Kreuzknoten ebenfalls in einem Abstand von 2cm zur vorigen Reihe nebeneinander.

5 Wiederholen Sie Schritt 3–4 abwechselnd bis Sie insgesamt 19 Reihen geknotet haben.

6 Um die schmalen Kanten des Tischläufers abzuschließen, nehmen Sie sich die acht Stränge von zwei nebeneinanderliegenden Kreuzknoten. Der jeweils äußere Strang dient nun als Arbeitsfaden. Die sechs mittleren Stränge werden als Trägerfäden genutzt. Knoten Sie mit den Arbeitsfäden einen Kreuzknoten um die sechs Trägerfäden (wieder in einem Abstand von etwa 2 cm zur Reihe zuvor). Zum Schluss sollten jeweils drei große Kreuzknoten den Abschluss des Tischläufers bilden. Schneiden Sie die Enden auf etwa eine Länge von ca. 11 cm zu.

7 Wiederholen Sie Schritt 6 für die andere Seite. Damit die großen Kreuzknoten die gleiche Ausrichtung wie die restlichen Kreuzknoten haben, müssen Sie hier Ihren Kreuzknoten mit dem linken Arbeitsfaden beginnen. Sie knoten also einen rechts gelegten Kreuzknoten.

Hängender Korb „Jade"

MOTIVLÄNGE:
ca. 94 cm

MATERIAL

22 Baumwollfäden in Waldgrün, geflochten, ø 4 mm, 1,20 m lang | 5 Baumwollfäden in Waldgrün, geflochten, ø 4 mm, 1 m lang | Baumwollfaden in Waldgrün, geflochten, ø 4 mm, 50 cm lang | Metallring in Gold, ø 25 cm | Schlüsselring, ø 2,5 cm | Weidekorb, rund, ø 25 cm, 8 cm hoch | Schere

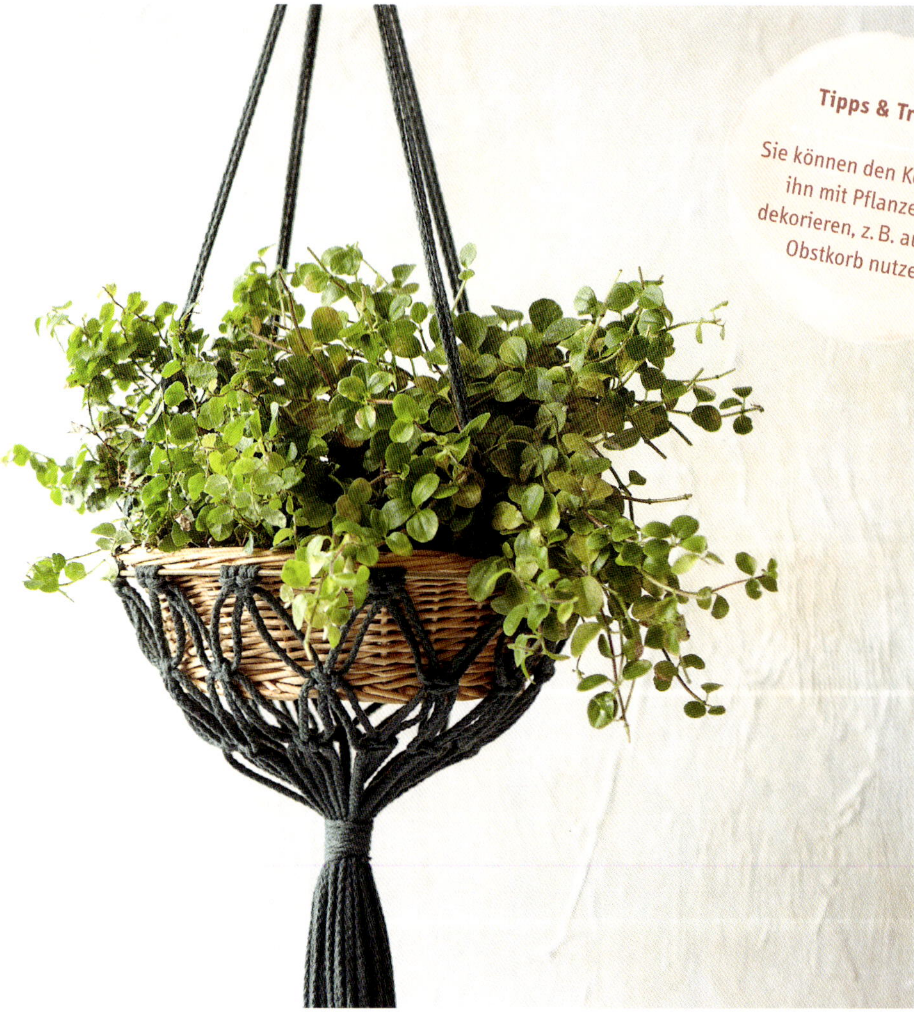

Tipps & Tricks

Sie können den Korb, statt ihn mit Pflanzen zu dekorieren, z. B. auch als Obstkorb nutzen.

1 Befestigen Sie alle 1,20 m langen Baumwollfäden mit dem von vorne geknoteten Ankerknoten am Metallring und positionieren Sie diese in Zweiergruppen gleichmäßig um den Ring.

2 Mit den vier Strängen einer jeden Zweiergruppen einen Kreuzknoten direkt am Ring knoten.

3 Es folgen zwei Runden mit versetzten Kreuzknoten, sodass ein Netz entsteht. Um einen versetzten Kreuzknoten zu knoten, nehmen Sie sich die vier benachbarten Stränge zweier nebeneinanderliegender Kreuzknoten her und knoten einen Kreuzknoten. Diese Kreuzknoten werden für das Netz in einem Abstand von ca. 5 cm zur Runde zuvor geknotet.

4 Nun drehen Sie alle Kreuzknoten, die am Ring befestigt sind, um 90°, sodass das geknotete Muster nach unten hängt. Befestigen Sie danach vier 1 m lange Fäden mit einem Ankerknoten gleichmäßig verteilt am Ring und führen Sie diese nach oben (nutzen Sie hier auch gerne längere Fäden, wenn Sie eine längere Aufhängung wünschen). Um den Korb aufhängen zu können, werden die Enden ca. 4-5 cm durch einen Schlüsselring (alternativ kann auch ein Holzring verwendet werden) geführt und mit einem Wickelknoten fixiert. Nutzen Sie für den Wickelknoten einen 50 cm langen Faden. Die Enden auf ca. 1 cm kürzen.

5 Zum Schluss werden alle Stränge des Netzes in der Mitte zusammengeführt und mit einem Wickelknoten ca. 5-6 cm von der letzten Kreuzknoten-Reihe entfernt fixiert. Nutzen Sie für den Wickelknoten einen 1 m langen Faden. Hängen Sie den Korb gerne schon auf, das erleichtert es Ihnen, den Wickelknoten zu knoten.

6 Setzen Sie den Weidekorb in das Netz.

2

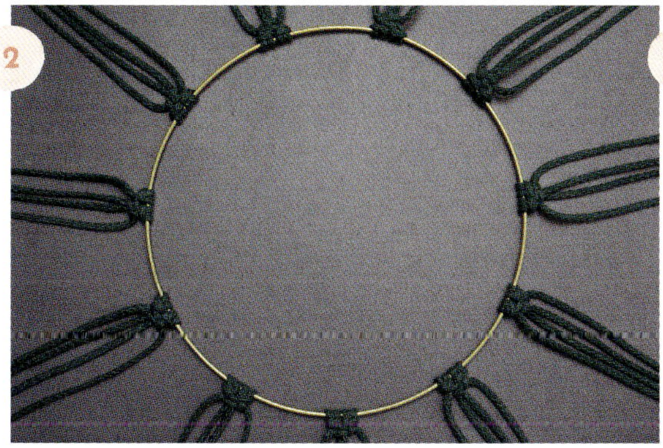

3

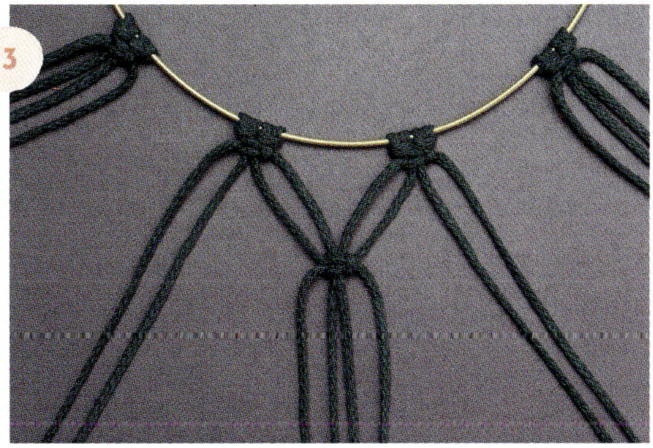

4

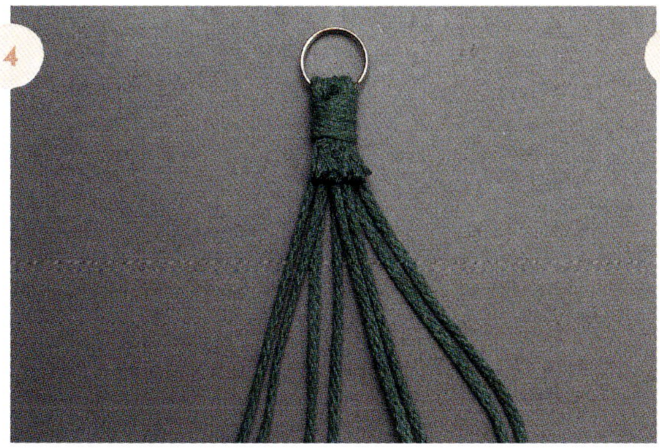

5

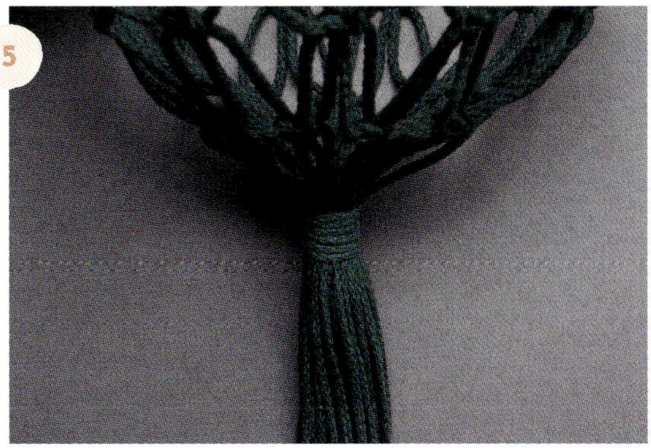

Blumenampel „Aurora"

MOTIVHÖHE:
ca. 98 cm

MATERIAL

6 Baumwollfäden in Natur, geflochten, ø 4 mm, 3 m lang | Baumwollfaden in Natur, geflochten, ø 4 mm, 60 cm lang | Holzring, ø 7 cm | 3 Holzperlen, ø 2 cm | Schere

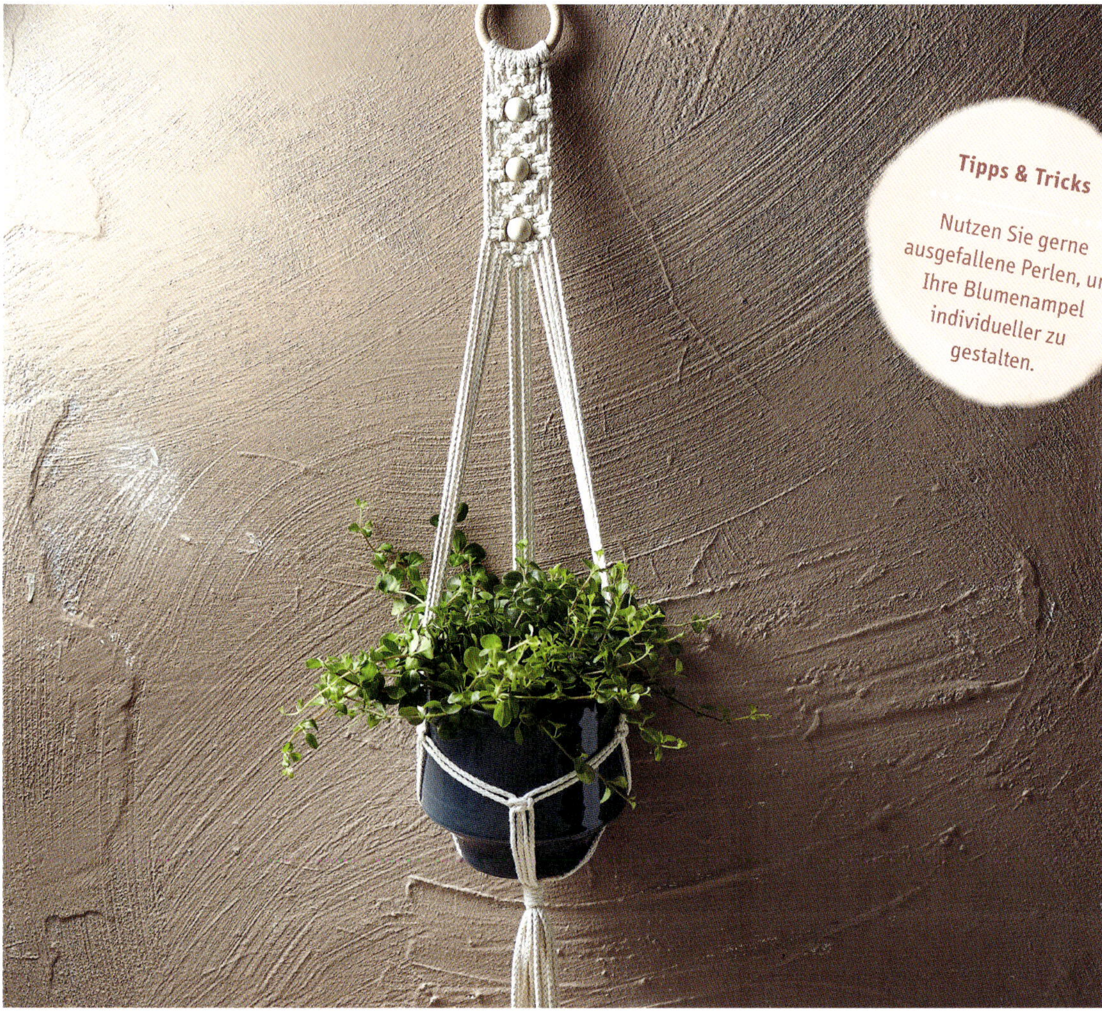

Tipps & Tricks

Nutzen Sie gerne ausgefallene Perlen, um Ihre Blumenampel individueller zu gestalten.

1 Befestigen Sie sechs 3 m lange Baumwollfäden mit dem von vorne geknoteten Ankerknoten unten am Holzring.

2 Mit den vier mittleren Strängen einen Kreuzknoten knoten.

3 Nehmen Sie auf beiden Seiten jeweils zwei Stränge hinzu. Knoten Sie mit den acht Strängen zwei Kreuzknoten.

4 Mit den jeweils vier äußeren Strängen einen Doppelkreuzknoten (= zwei Kreuzknoten untereinander) knoten.

5 Fädeln Sie auf die beiden mittleren Fäden eine Holzperle auf.

6 Legen Sie die jeweils beiden äußeren Stränge weg und knoten Sie mit den restlichen acht Strängen zwei Kreuzknoten nebeneinander.

7 Mit den vier mittleren Strängen einen Kreuzknoten knoten.

8 Wiederholen Sie Schritt 3–7, bis Sie insgesamt drei Rauten aus Kreuzknoten und Holzperle geknotet haben.

9 Knoten Sie nun das Netz fur die Pflanze etwa 35 cm vom Muster entfernt. Teilen Sie dafür die Arme auf und knoten Sie mit den vier Strängen jedes Armes einen Kreuzknoten. Die Arme verbinden Sie miteinander, indem Sie mit jeweils zwei nebeneinanderliegenden Strängen zweier Arme mit etwas Abstand je einen weiteren Kreuzknoten knoten.

10 Schließen Sie das Netz unter dem Topf mit einem Wickelknoten. Verwenden Sie dafür einen 60 cm langen Faden.

1
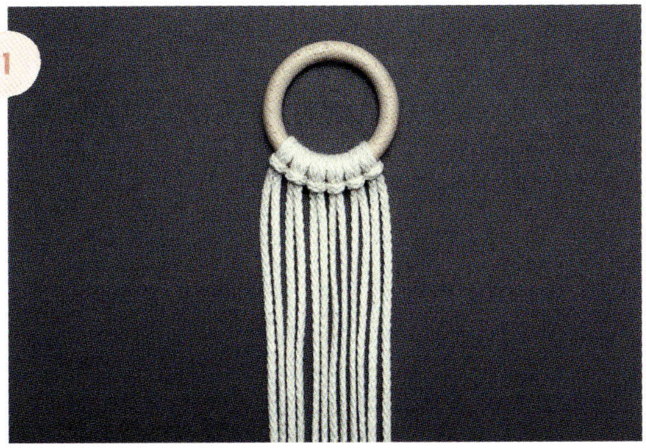

2
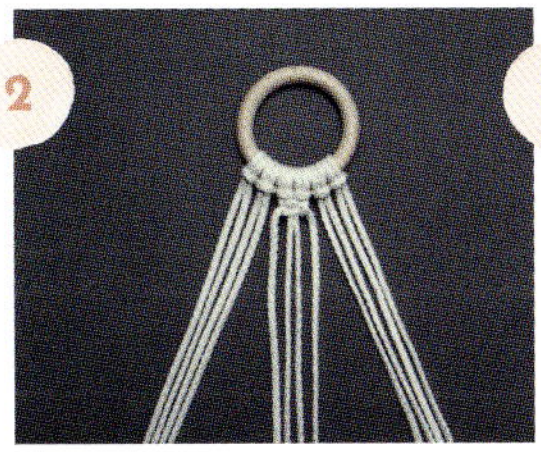

3
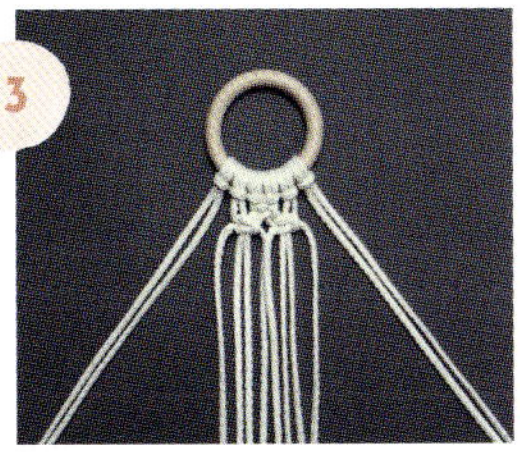

4
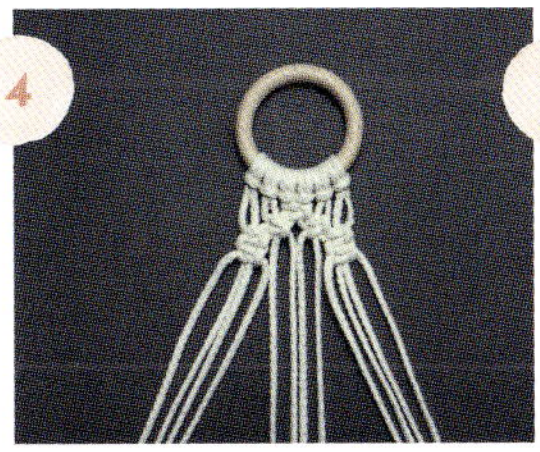

5
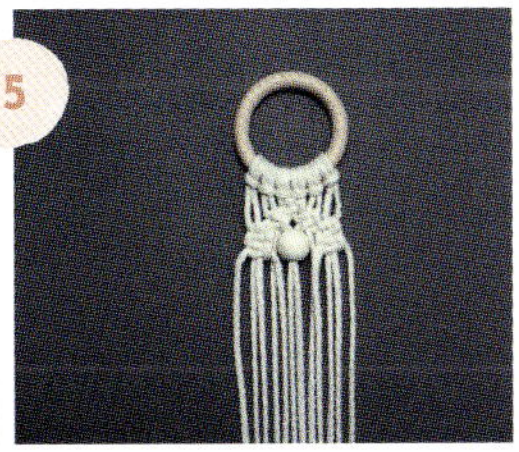

6
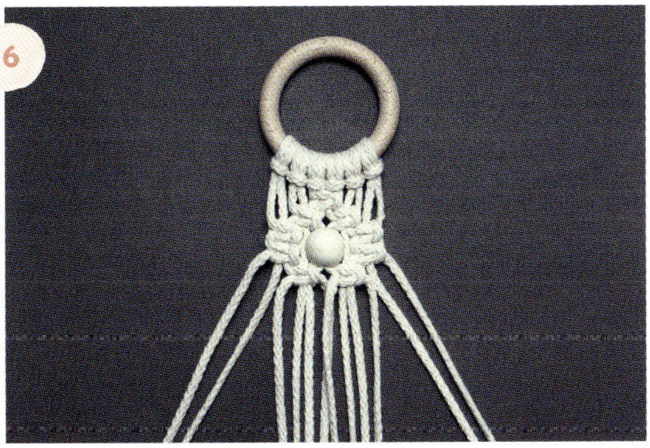

7
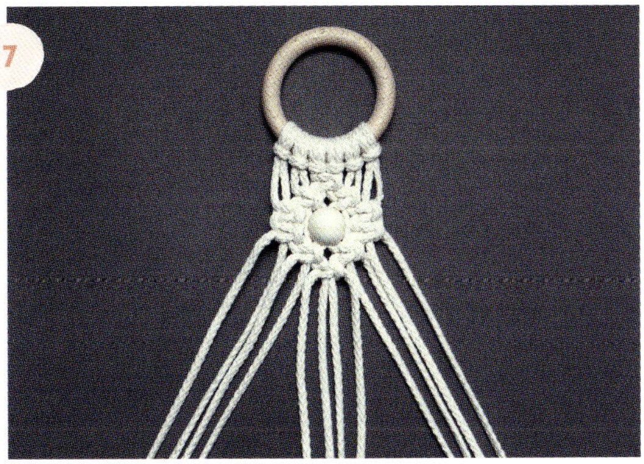

Fotohalter „Polly“

MOTIVLÄNGE:
ca. 57 cm
(ohne Aufhängung gemessen)

MATERIAL

8 Baumwollfäden in Natur, geflochten, ø 4 mm, 1,60 m lang | 48 Baumwollfäden in Natur, geflochten, ø 4 mm, 70 cm lang | 6 Baumwollfäden in Natur, geflochten, ø 4 mm, 2,50 m lang | 2 Baumwollfäden in Natur, geflochten, ø 4 mm, 60 cm lang | Baumwollfaden in Natur, geflochten, ø 4 mm, 80 cm lang | Rundholz, ø 1 cm, 60 cm lang | Schere

1 Befestigen Sie alle 1,60 m langen Fäden mit dem von vorne geknoteten Ankerknoten so an dem Rundholz, dass sie in Zweiergruppen angeordnet sind. Die einzelnen Gruppen sind in einem Abstand von etwa 10 cm zueinander positioniert.

2 Nun wird das Netz geknotet. Knoten Sie mit den vier Strängen einer jeden Zweiergruppe einen Kreuzknoten.

3 Es folgen abnehmende Reihen. Legen Sie für die zweite Reihe die jeweils beiden äußeren Stränge weg,sodass nun noch zwölf Stränge vor Ihnen liegen. Damit drei Kreuzknoten in einem Abstand von etwa 9 cm zur Reihe zuvor knoten.

4 Legen Sie für die dritte Reihe zusätzlich auf beiden Seiten jeweils zwei Stränge weg, sodass nur noch acht Stränge vor Ihnen liegen. Knoten Sie damit wieder in einem Abstand von 9 cm zur Reihe zuvor zwei Kreuzknoten.

1
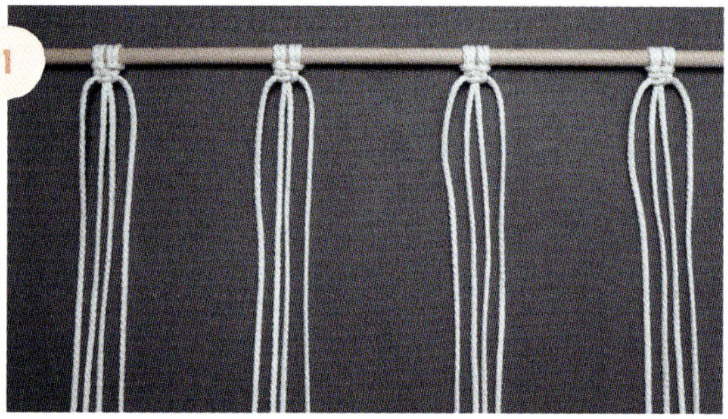

2
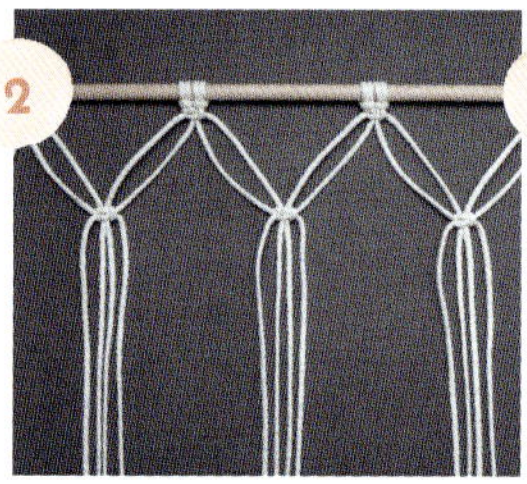

3
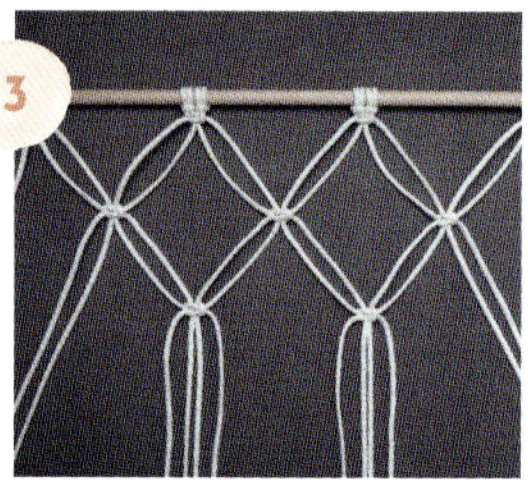

4
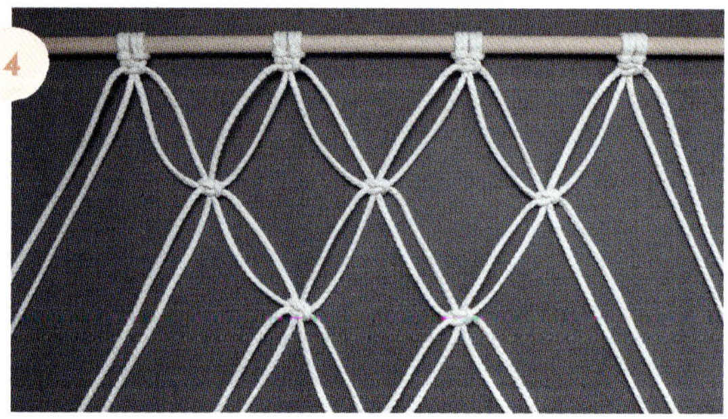

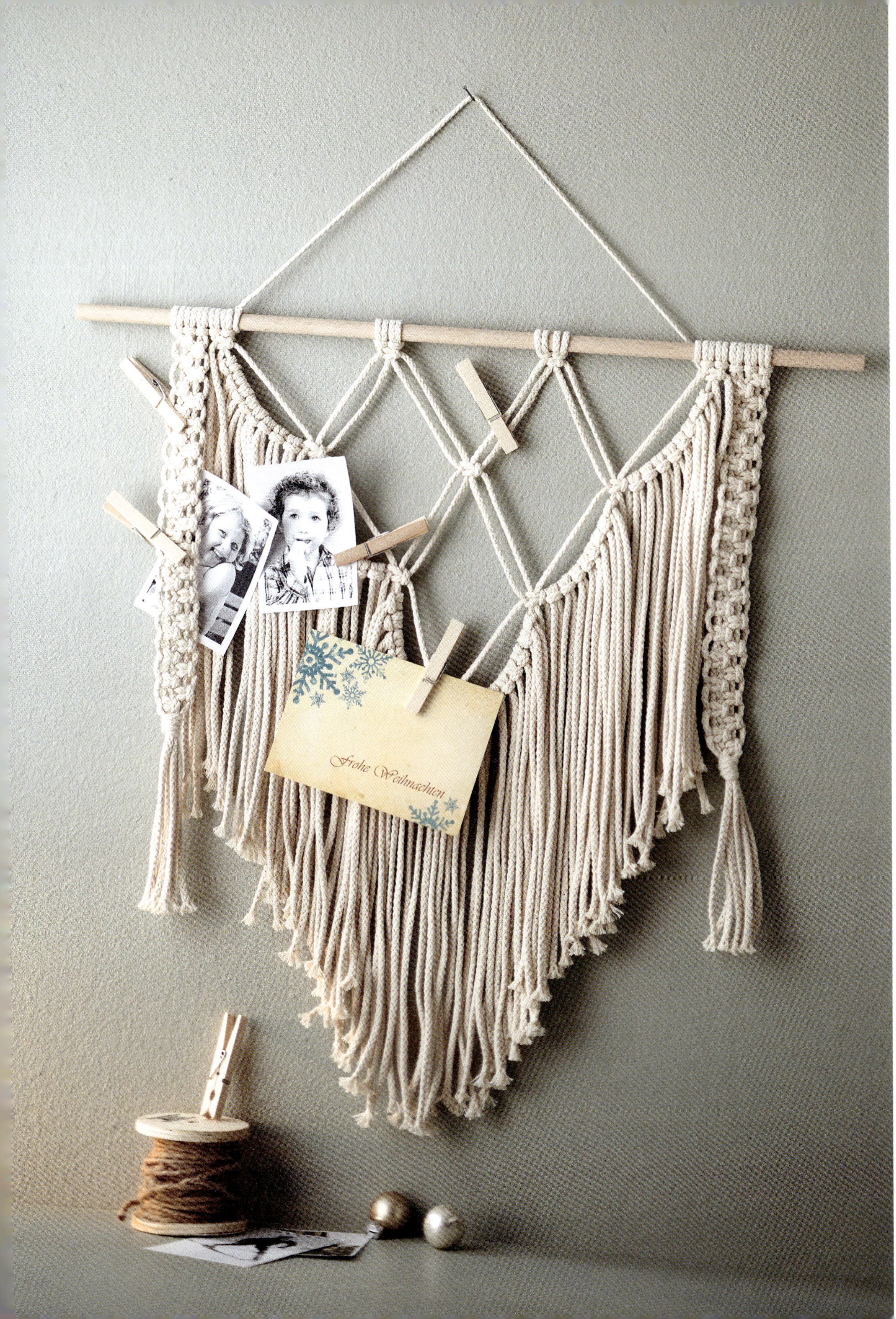
Frohe Weihnachten

5 Zum Abschluss der abnehmenden Reihen legen Sie erneut auf beiden Seiten jeweils zwei Stränge weg und knoten mit den letzten vier Strängen einen Kreuzknoten in einem Abstand von 9 cm zur dritten Reihe.

6 Durch den Abstand zwischen den einzelnen Reihen sind an der Seite große Schlaufen entstanden. An dem äußeren Strang der großen Schlaufen befestigen Sie jeweils acht 70 cm lange Stränge mit dem von vorne geknoteten Ankerknoten.

7 Die Enden bzw. Fransen in Form schneiden und dabei die deutlich längeren Stränge auf die Länge der benachbarten Stränge kürzen.

8 Befestigen Sie drei 2,50 m langen Fäden mit dem von vorne geknoteten Ankerknoten links neben dem soeben geknoteten Muster.

5

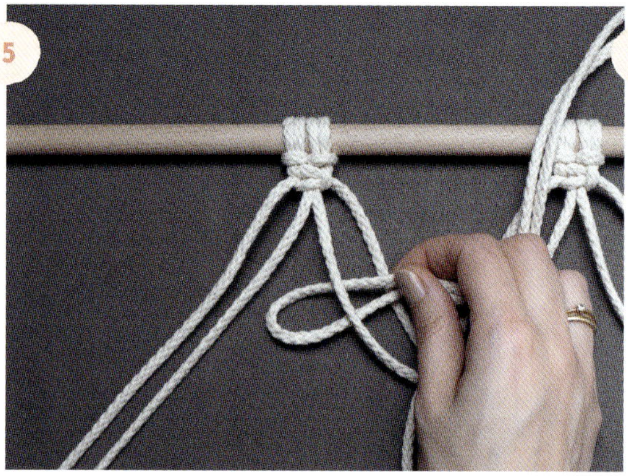

6

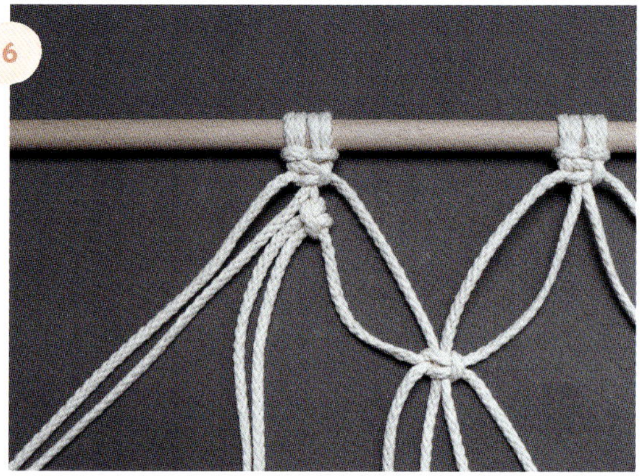

7

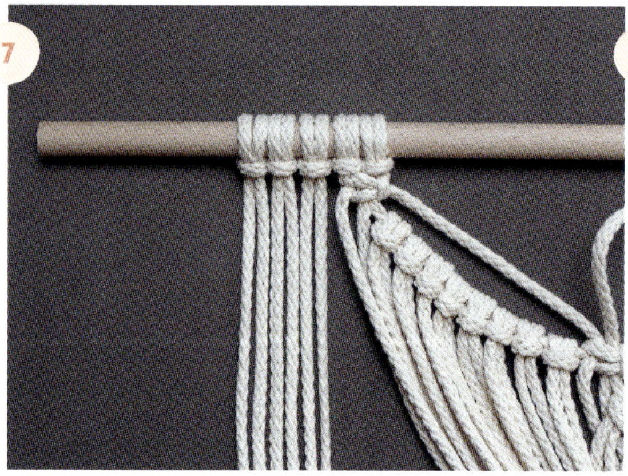

8

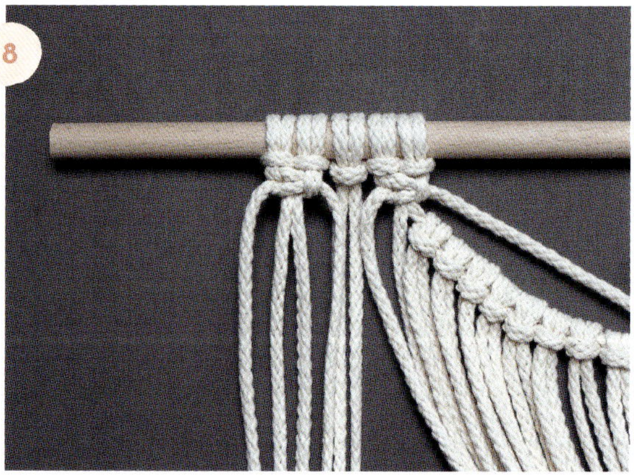

9 Mit den vier äußeren Strängen einen Kreuzknoten knoten.

10 Legen Sie die beiden äußeren Stränge zur Seite und knoten Sie mit den vier restlichen Strängen einen Kreuzknoten.

11 Wiederholen Sie Schritt 8-9, bis Sie insgesamt 31 Kreuzknoten bzw. einen etwa 28 cm langen Strang geknotet haben.

12 Halten Sie die Enden des Strangs mit einem Wickelknoten zusammen. Nutzen Sie für den Wickelknoten einen 60 cm langen Faden. Kürzen Sie anschließend die Enden auf die gewünschte Länge.

13 Wiederholen Sie Schritt 8-12 für die rechte Seite des mittleren Musters.

14 Befestigen Sie einen 80 cm langen Faden mit zwei Doppelknoten am Rundholz, um den Fotohalter aufhängen zu können.

15 Mit Holzklammern können nun Fotos und Erinnerungsstücke befestigt werden.

9

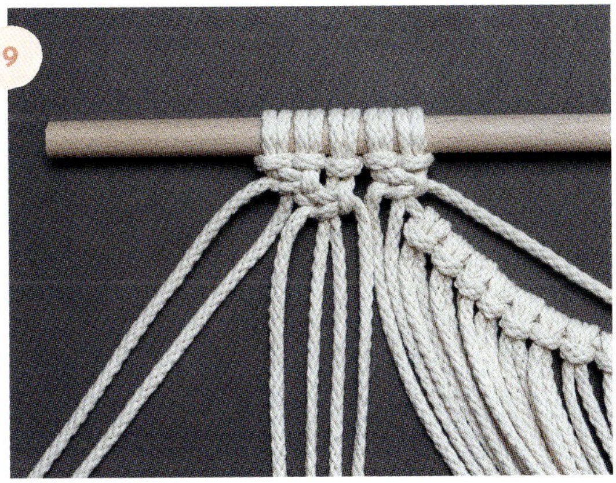

10

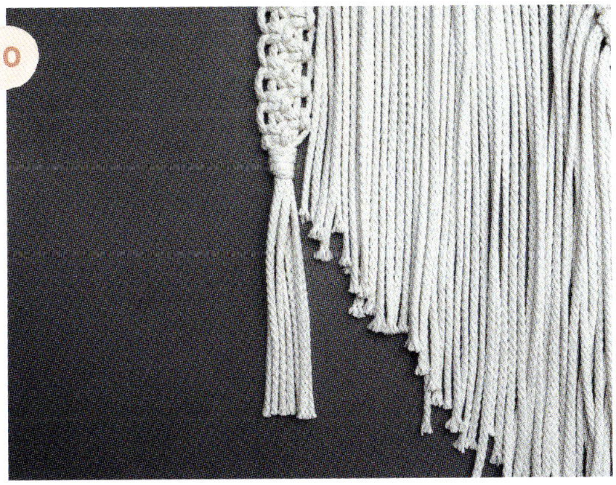

Blumenampel „Lily“

MOTIVHÖHE:
ca. 98 cm

MATERIAL

12 Baumwollfäden in Hellbraun, geflochten, ø 4 mm, 4,60 m lang
2 Baumwollfäden in Hellbraun, geflochten, ø 4 mm, 80 cm lang
Holzring, ø 5,5 cm | Schere

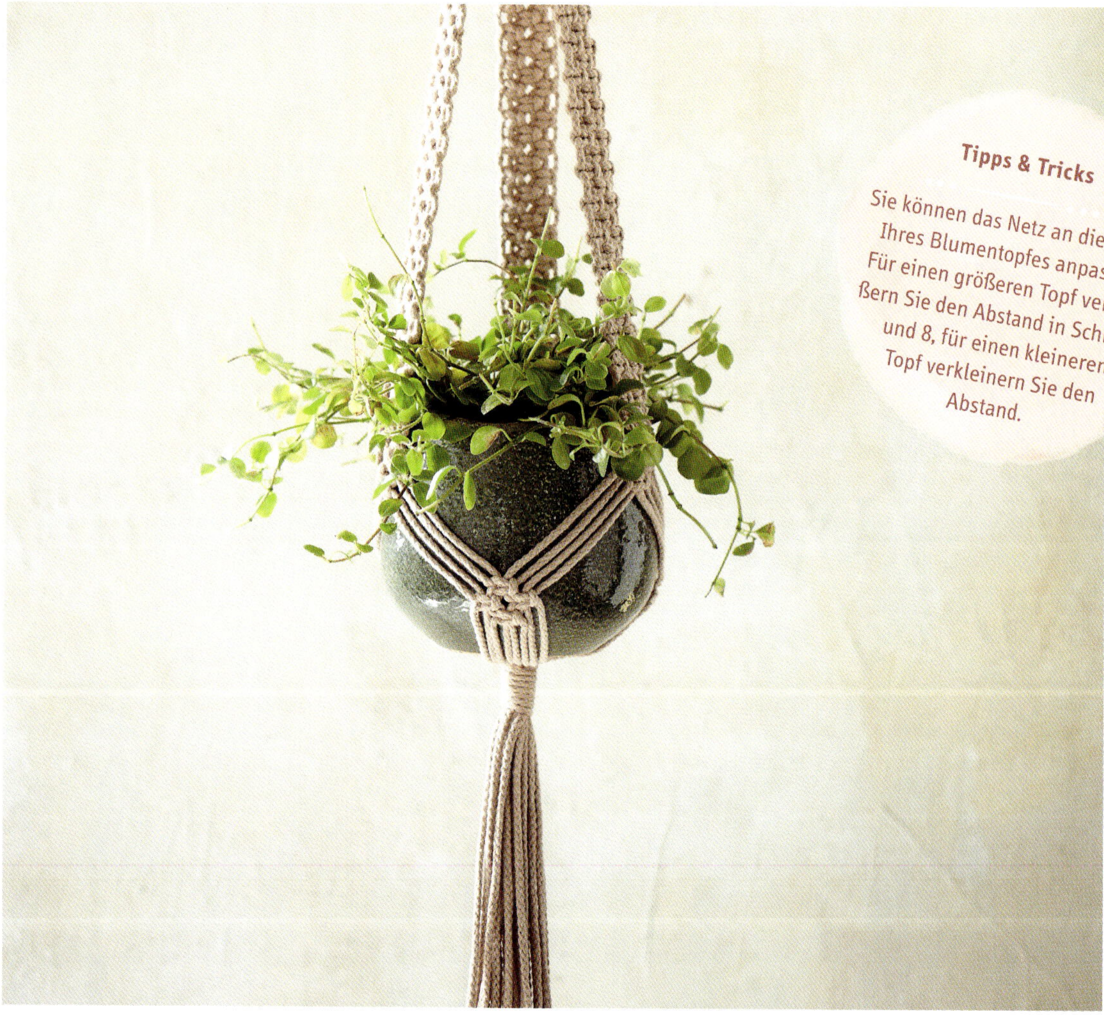

Tipps & Tricks

Sie können das Netz an die Größe Ihres Blumentopfes anpassen. Für einen größeren Topf vergrößern Sie den Abstand in Schritt 7 und 8, für einen kleineren Topf verkleinern Sie den Abstand.

1 Führen Sie zwölf 4,60 m lange Fäden bis zur Mitte durch den Holzring. Die Fäden mit einem Wickelknoten fixieren. Nutzen Sie dazu einen 80 cm langen Faden.

2 Die Blumenampel besteht aus drei Armen. Nehmen Sie für den ersten Arm acht Stränge her.

3 Mit den mittleren vier Strängen einen Kreuzknoten knoten.

4 Knoten Sie mit allen acht Strängen zwei Kreuzknoten nebeneinander.

5 Wiederholen Sie nun abwechselnd Schritt 3 und 4, bis Sie 53 Reihen geknotet oder einen ca. 44 cm langen Strang/Arm haben. Der Abschluss bildet der mittlere Kreuzknoten.

6 Wiederholen Sie Schritt 2–5 für zwei weitere Arme.

7 Das Netz für den Blumentopf besteht aus kleinen Kreuzknoten-Rauten. Eine Kreuzknoten-Raute wird wie folgt geknotet: Folgen Sie Schritt 3, dann Schritt 4 und wieder Schritt 3. Nehmen Sie dazu die mittleren acht Stränge zwei benachbarter Arme. Der erste Kreuzknoten wird in einem Abstand von ca. 8 cm zum Muster des Arms geknotet. Achten Sie beim Netz unbedingt darauf, dass die Arme beim Knoten nicht verdreht sind. Tipp: Hängen Sie die Blumenampel beim Knoten auf und schauen Sie, wie die Arme fallen. Das Netz soll um den Topf verlaufen! Wenn Sie nicht an einer Kleiderstange knoten, können Sie die Blumenampel auch an eine Türklinke o. ä. hängen.

8 Zuletzt führen Sie alle Stränge in der Mitte zusammen und knoten einen Wickelknoten in ca. 8 cm Abstand zur Unterkante der Kreuzknoten-Raute des Netzes. Nutzen Sie dazu einen 80 cm langen Faden. Kürzen Sie die Enden auf die gewünschte Länge.

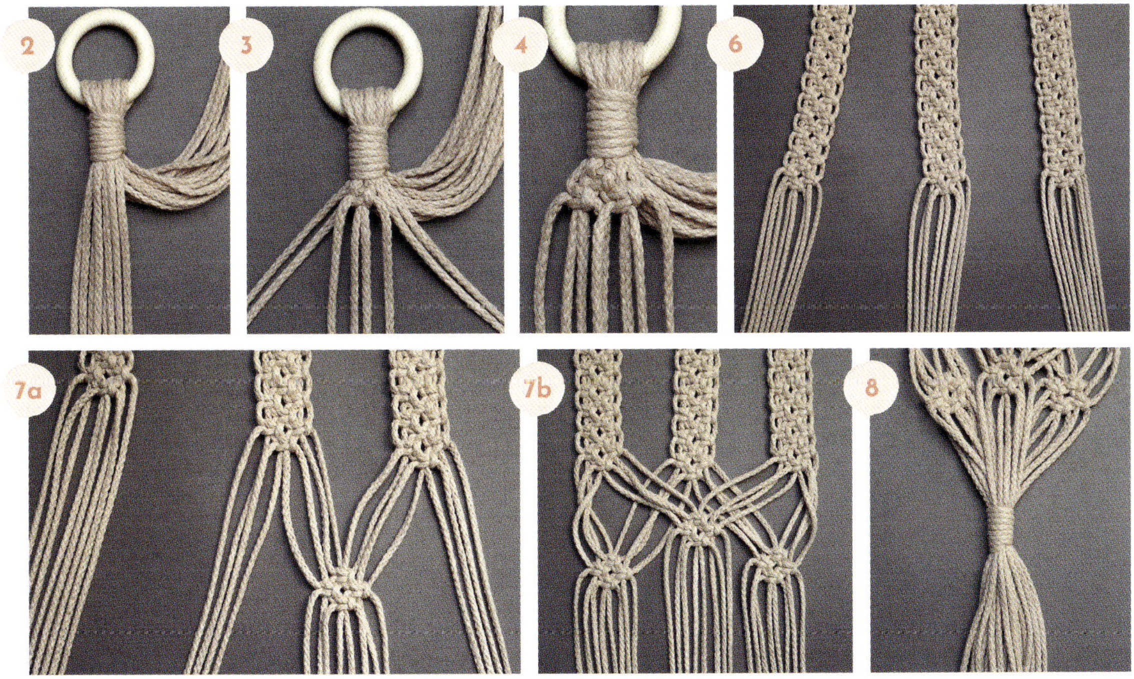

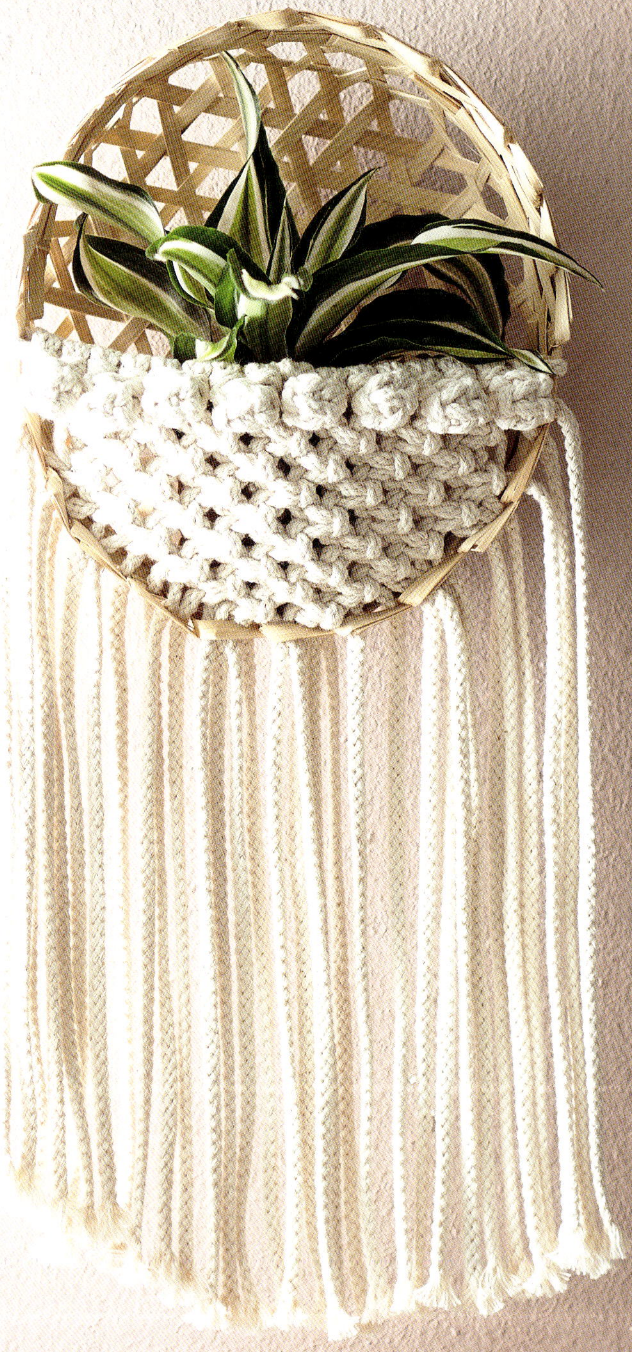

Tipps & Tricks

Der Korb kann auch schön mit Trockenblumen dekoriert werden. Ein flacher Korb kann so auch als Wandtasche zur Aufbewahrung genutzt werden.

Wandkorb „Frida“

MATERIAL

Baumwollfaden in Natur, geflochten, ø 4 mm, 2,10 m lang | 15 Baumwollfäden in Natur, geflochten, ø 4 mm, 1,70 m lang | Gewebter Korb, ø 20 cm, 8 cm tief | Schere

MOTIVHÖHE: ca. 43 cm

1 Führen Sie den 2,10 m langen Faden seitlich oben durch zwei sich gegenüberliegende Zwischenräume auf etwa der Hälfte des Korbes. Verknoten Sie anschließend die beiden Enden. Achten Sie darauf, dass die beiden Enden nach dem Verknoten etwa gleich lang sind, da mit ihnen auch das Muster geknotet wird.

2 Mit dem von vorne geknoteten Ankerknoten 15 x 1,70 m lange Baumwollfäden an dem verknoteten Faden aus Schritt 1 befestigen.

1

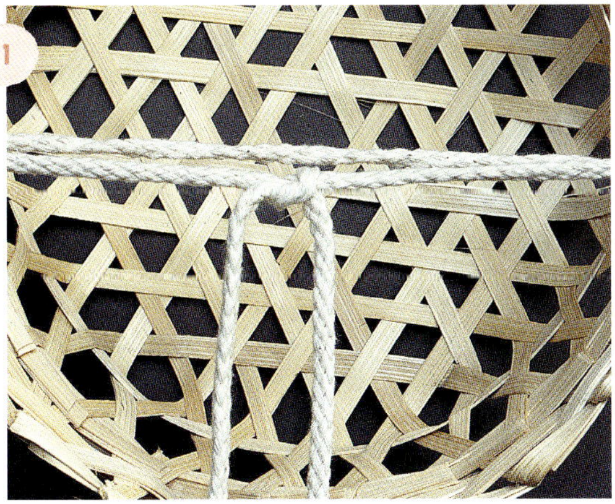

2

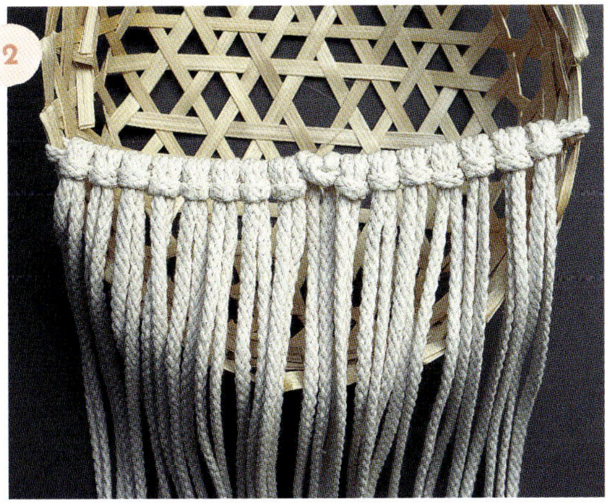

3 Knoten Sie mit allen 32 Strängen acht Beerenknoten nebeneinander.

4 Im Folgenden werden Reihen aus Kreuzknoten geknotet, die den Korb nachformen. Je nachdem, was Sie für einen Korb benutzen, kann es sein, dass Sie Ihre Reihen Kreuzknoten anpassen und so von der Anleitung abweichen müssen. Achten Sie darauf, dass die Reihen aus Kreuzknoten immer innerhalb des Korbes liegen und nicht darüber hinausgehen, aber so weit wie möglich an dem Rand liegen. Legen Sie für die erste Reihe Kreuzknoten die jeweils beiden äußeren Stränge beiseite. Knoten Sie mit den restlichen 28 Strängen sieben Kreuzknoten.

5 Legen Sie für die zweite Reihe Kreuzknoten zusätzlich zwei weitere Stränge auf beiden Seiten weg für eine weitere abnehmende Reihe. Mit den restlichen 24 Strängen sechs Kreuzknoten anfertigen.

6 Es folgt eine zunehmende Reihe. Nehmen Sie dazu auf beiden Seiten jeweils zwei Stränge hinzu, sodass nun wieder 28 Stränge vor Ihnen liegen. Knoten Sie damit sieben Kreuzknoten.

3

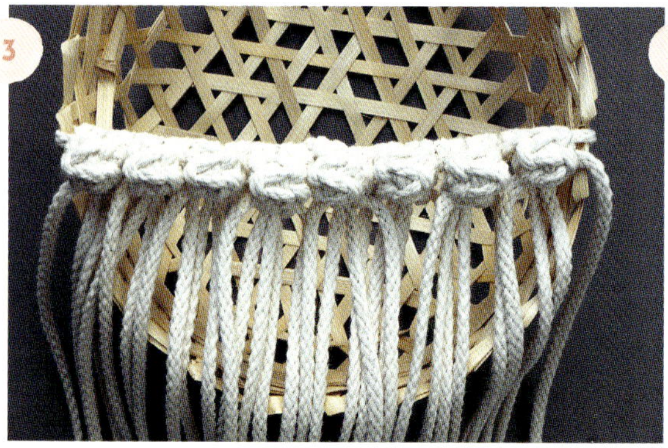

4

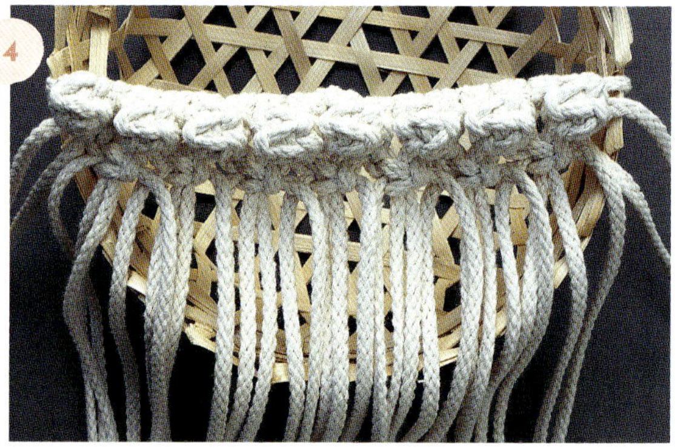

5

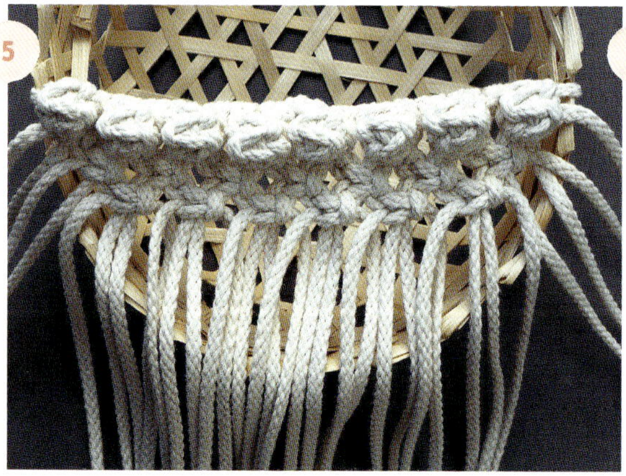

6

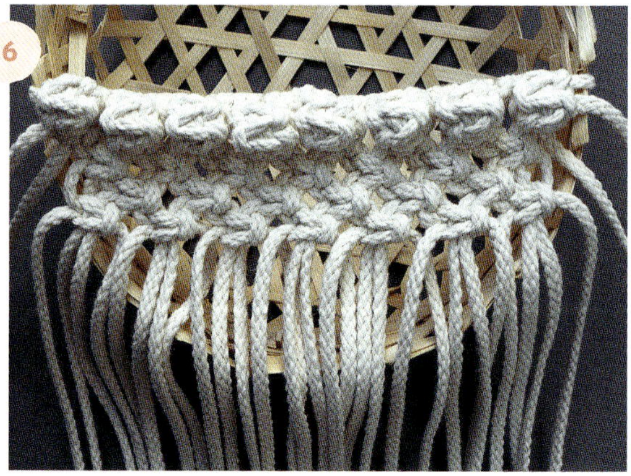

7 Jetzt werden nur noch abnehmende Reihen geknotet. Das bedeutet, Sie legen in jeder neuen Reihe zusätzlich auf beiden Seiten jeweils zwei Stränge weg, sodass Sie in jeder Reihe einen Kreuzknoten weniger knoten können. Legen Sie also für die vierte Reihe Kreuzknoten wieder auf beiden Seiten jeweils zwei Stränge weg und knoten Sie mit den restlichen 24 Strängen sechs Kreuzknoten.

8 In der nächsten Reihe knoten Sie mit 20 Strängen nur noch fünf Kreuzknoten, dann mit 16 Strängen vier Kreuzknoten usw. bis Sie an den unteren Rand des Korbes gelangen und nur noch zwei Kreuzknoten knoten können. Sie haben nun die untere Hälfte des Korbes mit Knoten bedeckt.

9 Zum Schluss werden die Enden durch die Zwischenräume des Korbes gezogen. Je nach Korb kann das etwas schwieriger sein, wenn die Zwischenräume eher klein sind. Bei kleinen Zwischenräumen sind keine anschließenden Knoten zur Fixierung notwendig. Sollten Sie an einem Korb mit größeren Zwischenräumen arbeiten, dann können Sie nach dem Durchziehen der Stränge einen normalen Knoten setzen oder mehrere Stränge gruppieren und mit einem Wickelknoten zusammenhalten, sodass sie nicht wieder durch den Zwischenraum herausrutschen können.

10 Kürzen Sie die Enden wie gewünscht.

7

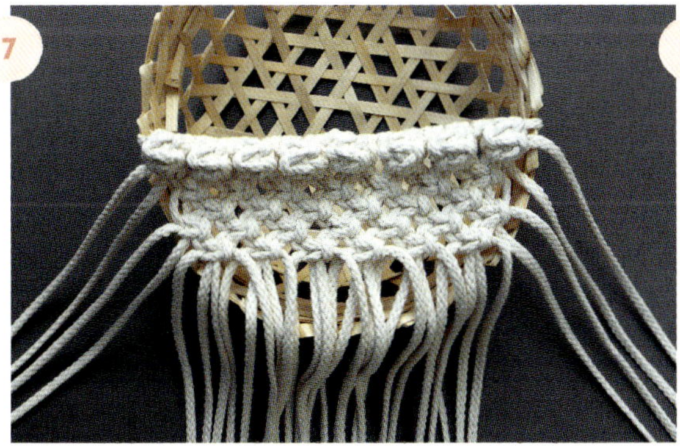

8

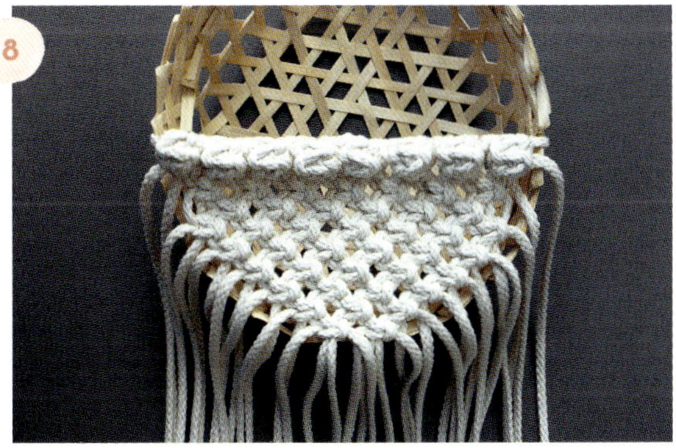

9

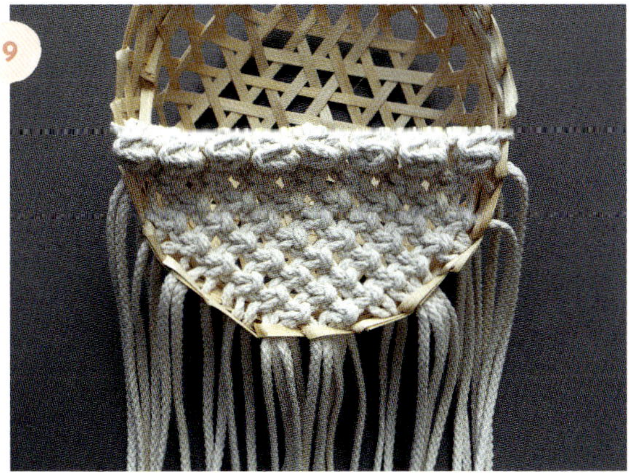

Abstrakter Wandbehang „Pines“

MOTIVHÖHE:
ca. 63 cm

MATERIAL

10 Baumwollfäden in Natur, geflochten, ø 2 mm, 1,5 m lang | 19 Baumwollfäden in Natur, geflochten, ø 2 mm, 90 cm lang | Metallring in Gold, 3 mm stark, ø 25 cm | 5 Holzkugeln, ø 2 cm | Schere

1 Befestigen Sie die zehn 1,5 m langen Baumwollfäden oben am Ring mit dem von vorne geknoteten Ankerknoten. Teilen Sie die zehn befestigten Fäden in zwei Gruppen mit jeweils fünf Fäden auf.

2 Die linke Gruppe Fäden nach oben beiseitelegen und die andere Gruppe diagonal nach unten legen.

3 Befestigen Sie die einzelnen Stränge unten am Ring mit dem rechts geknüpften Rippenknoten. Der Ring fungiert als Trägerfaden und liegt über den Strängen als Arbeitsfäden. Legen Sie den Strang nach oben über den Ring und führen Sie ihn unter den Ring nach unten durch die eigene Schlaufe hindurch für den ersten halben Schlag. Wiederholen Sie diesen Schritt für den zweiten halben Schlag. Die Stränge dürfen nicht zu straff befestigt werden, damit sich der Ring nicht verbiegt.

2

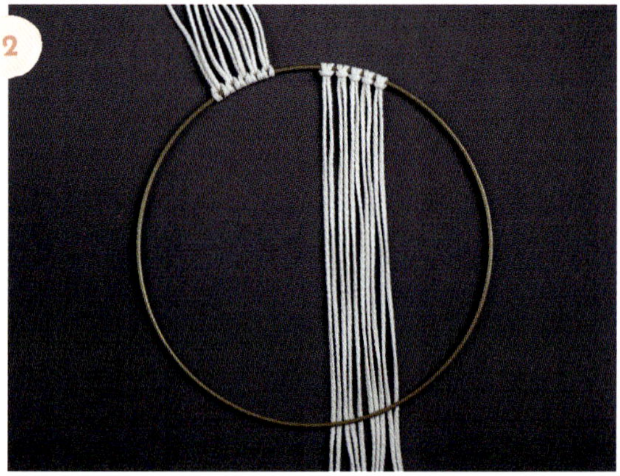

3

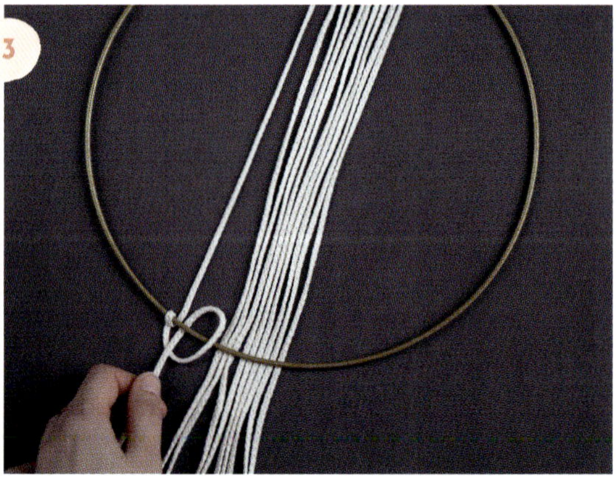

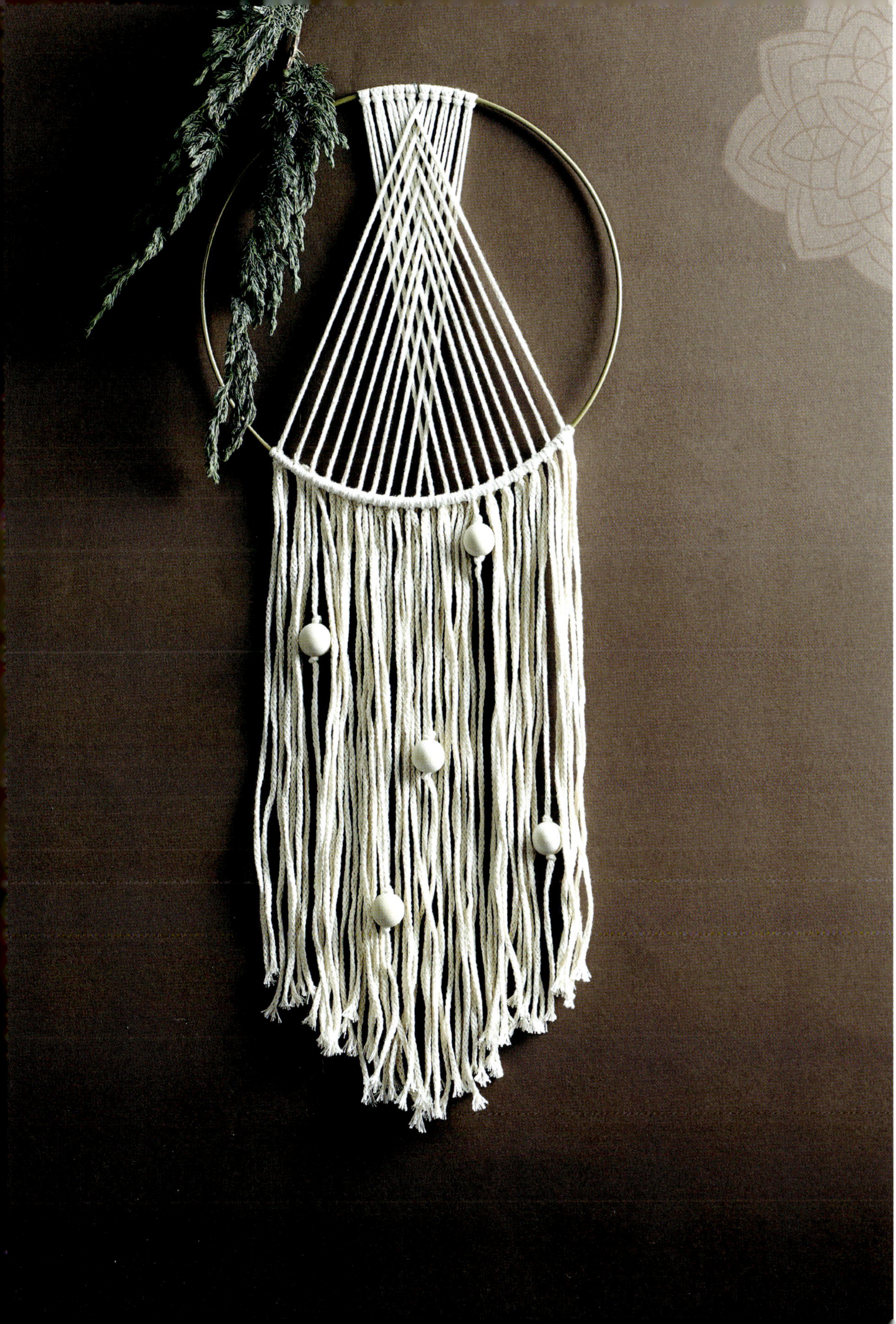

4 Wenn Sie alle Stränge der rechten Gruppe diagonal unten befestigt haben, nehmen Sie nach und nach die Fäden der anderen Gruppe hinzu. Beginnen Sie mit dem obersten Faden. Sie führen den obersten Strang unter den ersten Strang der rechten, schon befestigten Gruppe und über alle anderen Stränge. Den zweiten Strang führen Sie unter die ersten beiden Stränge der rechten Gruppe, den dritten Strang unter die ersten drei Stränge, usw. Der letzte Strang verläuft unter allen anderen, schon befestigten Strängen.

5 Nun die verwobenen Fäden diagonal unten am Ring befestigen, wie in Schritt 3 beschrieben.

Tipps & Tricks

Kombinieren Sie naturfarbenes Garn mit farbigem Garn, wie z. B. Tannengrün, für tolle Effekte.

3a

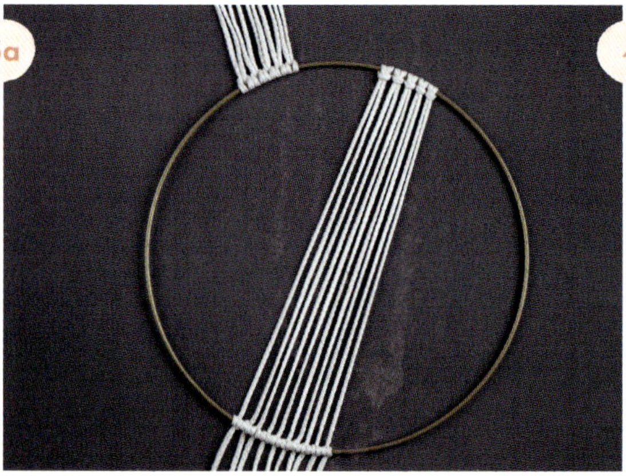

4

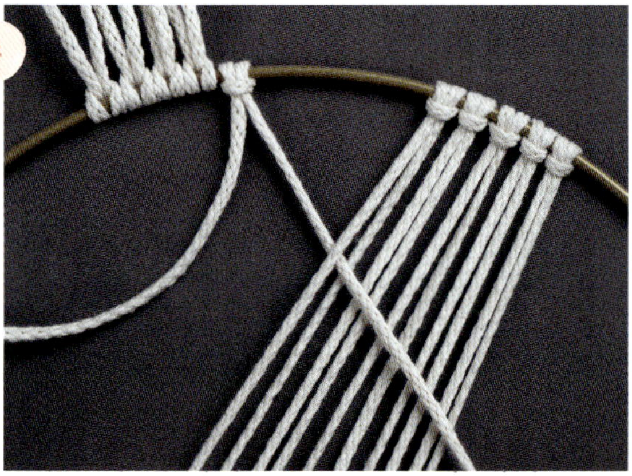

4a

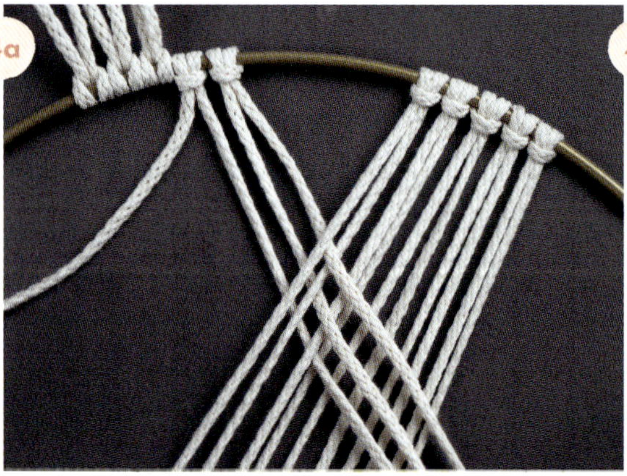

4b

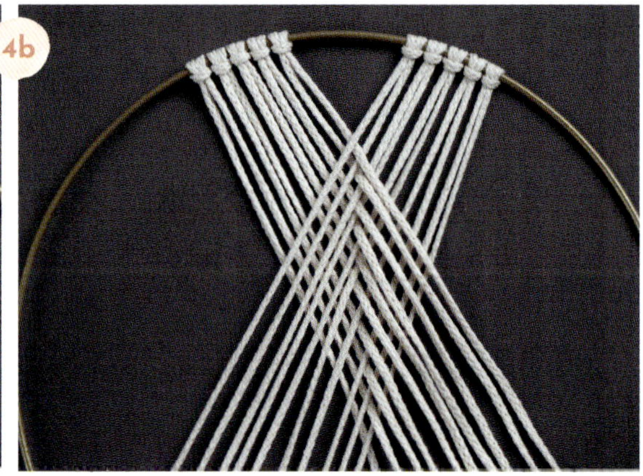

6 Sortieren Sie die einzelnen Fäden, bis das Muster symmetrisch ist. Zwischen den beiden Faden-Gruppen sollte oben ein Abstand von etwa 1 cm sein. Die Fäden der einzelnen Gruppen eng zusammenschieben. Unten am Ring keinen Abstand zwischen den beiden Gruppen lassen. Zwischen den einzelnen Strängen nun einen kleinen Abstand von ca. 0,5 cm einfügen. Sollte durch das Verschieben einer der Stränge zu locker oder zu straff gespannt sein, lockern Sie den Rippenknoten unten am Ring und ziehen Sie ihn wieder fest.

7 Die 90 cm langen Fäden in den kleinen Abständen zwischen den Strängen unten am Ring mit dem von hinten geknoteten Ankerknoten befestigen.

8 Zum Verzieren der herunterhängenden Stränge fünf Holzkugeln verteilt befestigen. Dazu über und unter der Kugel einen normalen Knoten setzen.

9 Schneiden Sie die herunterhängenden Stränge zur Mitte hin spitz zulaufend zu.

5

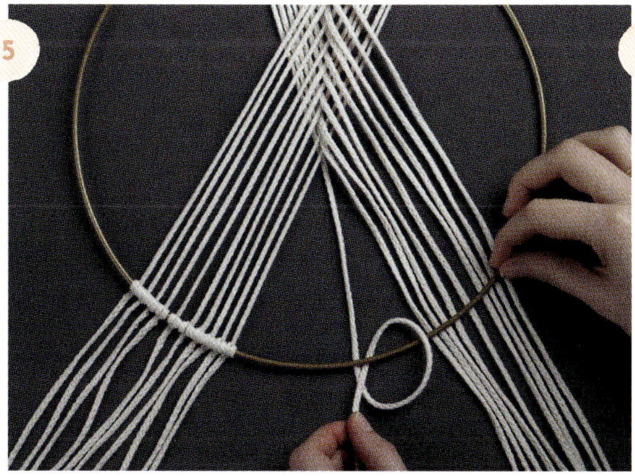

7

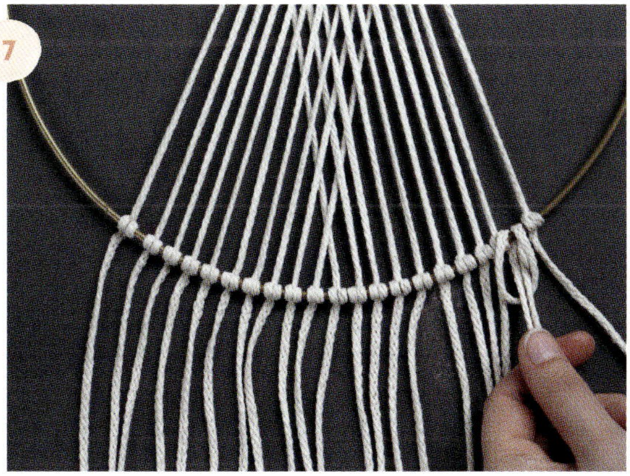

9

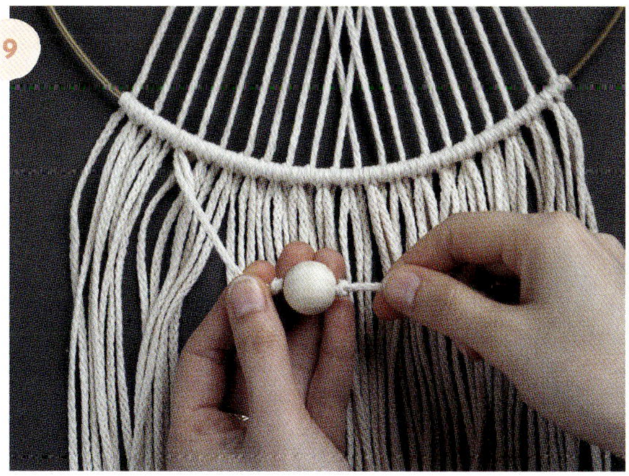

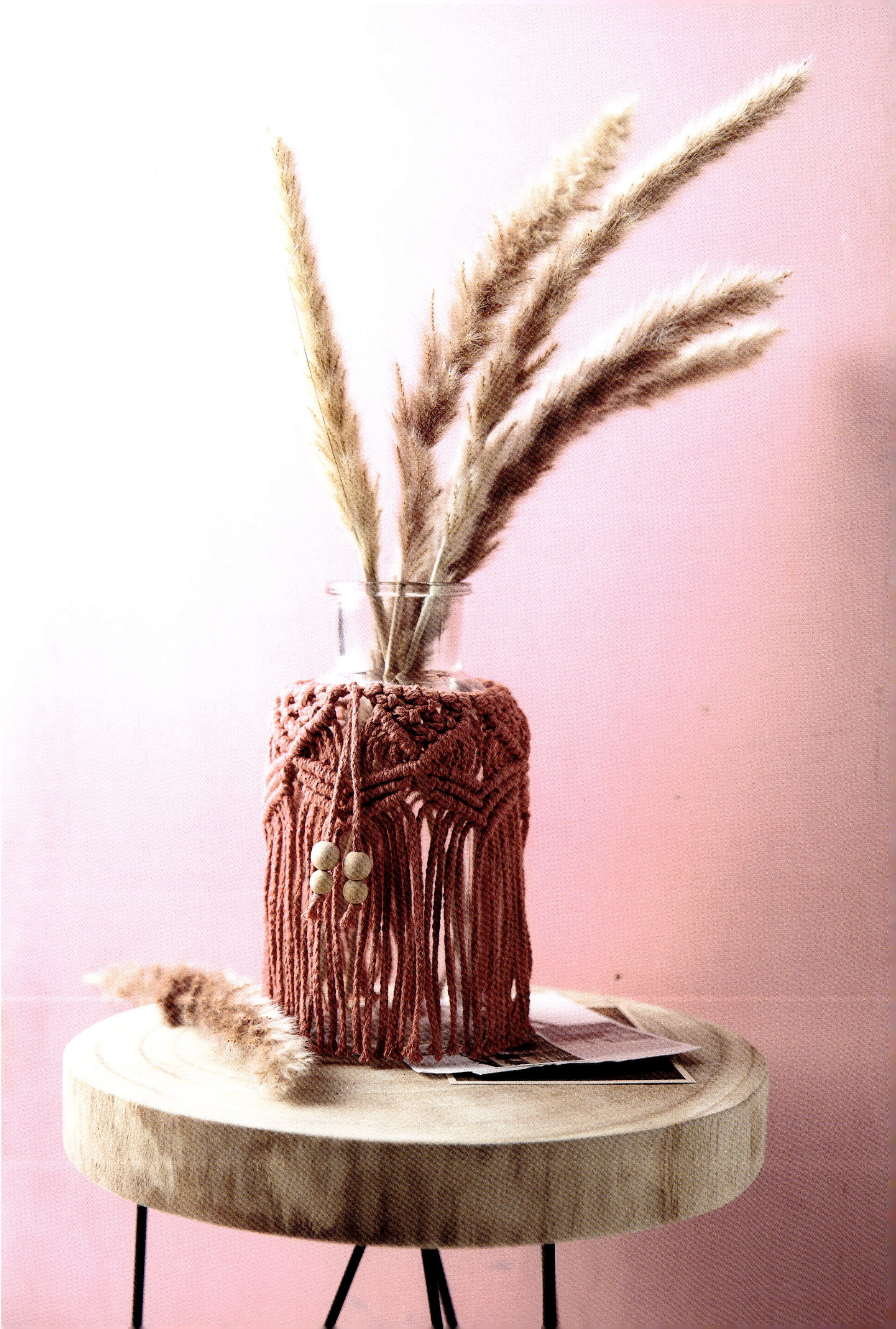

Vasen-Deko „Winegums“

MATERIAL

36 Baumwollfäden in Altrosa, geflochten, ø 2–3 mm, 80 cm lang | Baumwollfaden in Altrosa, geflochten, ø 2-3 mm, 60 cm lang | Glasflasche, ca. 20 cm hoch, Öffnung ø 5 cm | 2 Holzperlen, ø 1,5 cm | 2 Holzperlen, ø 1 cm | Schere | Heißkleber

MOTIVHÖHE:
ca. 20 cm

1 Befestigen Sie alle 80 cm langen, altrosafarbenen Baumwollfäden mit dem von vorne geknoteten Ankerknoten mittig an einem 60 cm langen, altrosafarbenen Baumwollfaden.

2 Legen Sie den 60 cm langen Faden locker um das Glas und verknoten Sie die Enden mit einem Doppelknoten, sodass die befestigten Fäden ohne Abstände nebeneinander positioniert sind. Achten Sie darauf, dass die Schlaufen der Ankerknoten zu Ihnen gerichtet sind. Mit den beiden Enden des 60 cm langen Fadens wird im Folgenden nicht weitergeknotet.

3 Nehmen Sie sich zwölf Stränge vor und legen Sie die restlichen beiseite. Knoten Sie damit drei Kreuzknoten nebeneinander.

4 Es folgen abnehmende Reihen, um ein Dreieck aus Kreuzknoten zu knoten. Legen Sie dazu die beiden jeweils äußeren Stränge weg, sodass nun acht Stränge vor Ihnen liegen. Knoten Sie damit zwei Kreuzknoten.

1
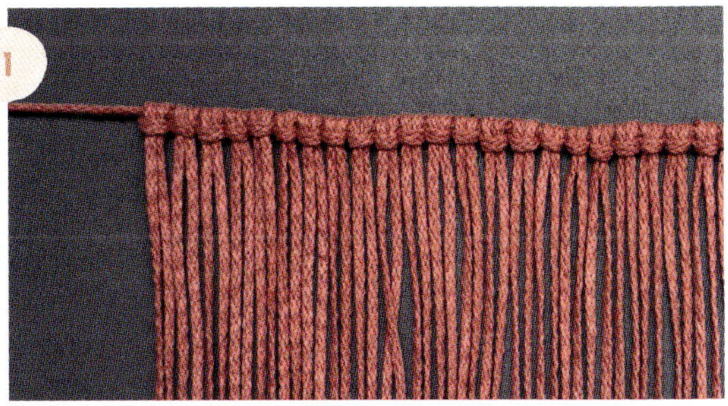

2
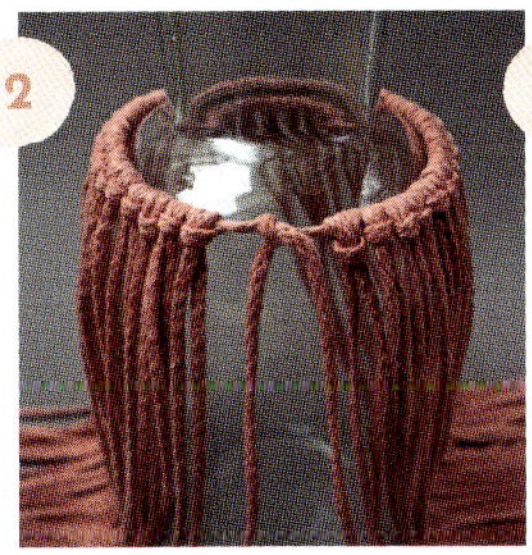

3
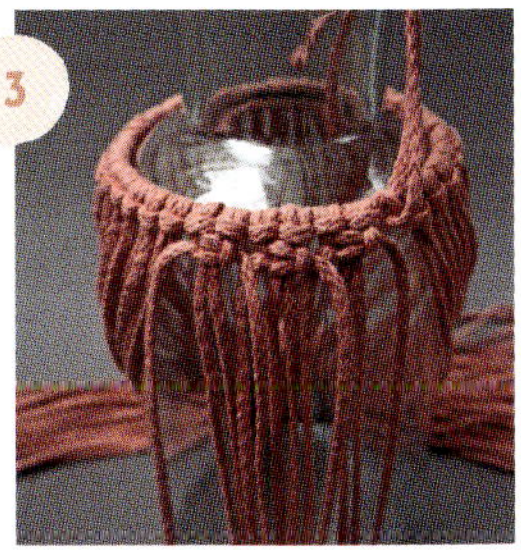

4
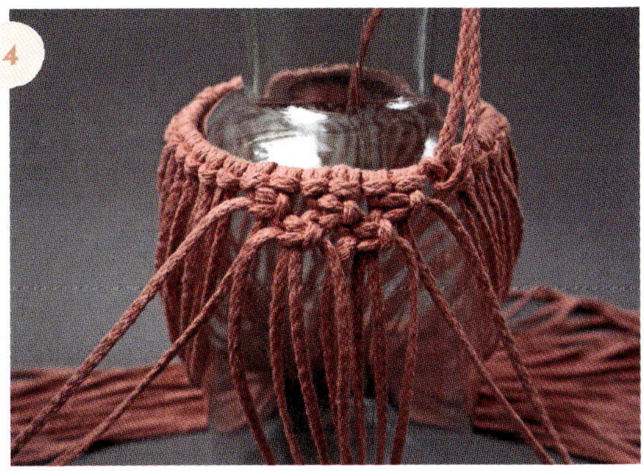

5 Mit den vier mittleren Strängen einen Kreuzknoten als Spitze des Dreiecks knoten.

6 Es folgt ein Reihe Rippenknoten, die entlang der beiden Kanten des Dreiecks verlaufen. Teilen Sie dazu die Stränge des Dreiecks in der Mitte auf, sodass auf beiden Seiten je sechs Stränge liegen. Legen Sie die Stränge der rechten Seite für diesen Schritt weg. Der äußere Strang der linken Seite dient als Trägerfaden für die linke Seite. Halten Sie diesen über die Arbeitsfäden schräg nach unten in die Mitte und knoten Sie eine Reihe Rippenknoten.

7 Wiederholen Sie Schritt 6 für die Stränge der rechten Seite. Hier dient der Trägerfaden der linken Seite als zusätzlicher Arbeitsfaden.

8 Schritt 3–7 für die restlichen Stränge wiederholen, bis Sie insgesamt sechs Dreiecke geknotet haben.

9 Nehmen Sie sich die zwölf Stränge zwischen zwei Dreiecken vor und legen Sie die restlichen Stränge beiseite.

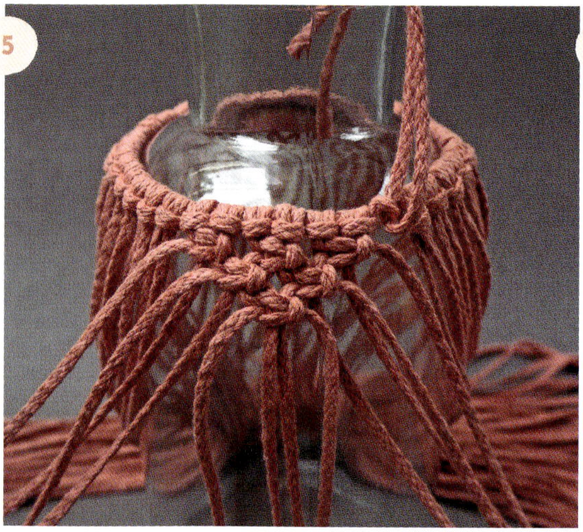

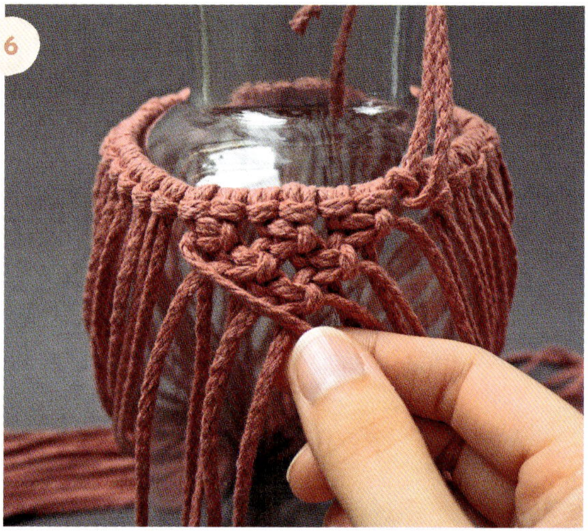

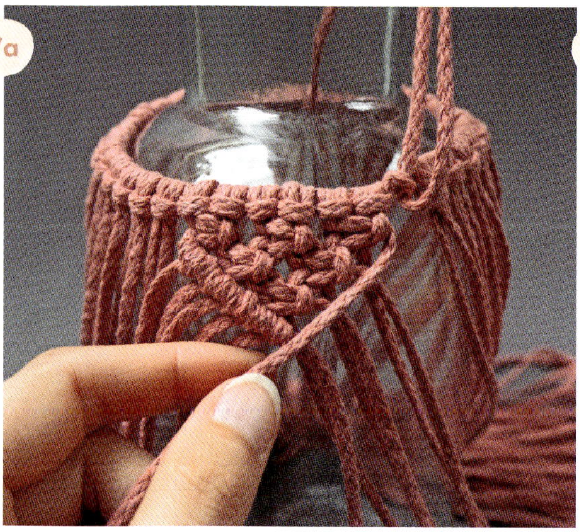

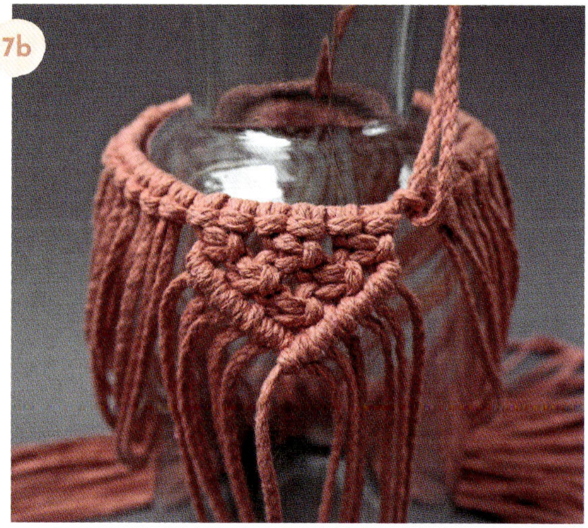

10 Alle Stränge in der Mitte aufteilen, sodass sechs Stränge auf jeder Seite liegen. Legen Sie die Stränge der rechten Seite für diesen Schritt weg. Halten Sie den äußeren Strang der linken Seite über den Arbeitsfäden schräg nach unten in die Mitte und knoten Sie eine Reihe Rippenknoten.

11 Wiederholen Sie Schritt 10 für die Stränge der rechten Seite. Verbinden Sie auch hier die Reihe Rippenknoten in der Mitte, indem der Trägerfaden der linken Seite nun als Arbeitsfaden genutzt wird.

12 Schritt 10–11 für zwei weitere Reihen Rippenknoten wiederholen.

13 Wiederholen Sie nun Schritt 10–12 für die restlichen Zwischenräume.

14 Auf die beiden Enden des 60 cm langen Fadens aus Schritt 2 werden je eine kleinere und eine größere Holzperle aufgefädelt und darunter ein Knoten gesetzt (siehe Modellbild).

15 Abschließend werden die Enden auf Höhe des Vasenbodens gekürzt und das Muster mit etwas Heißkleber am Glas befestigt, damit es nicht verrutscht.

10

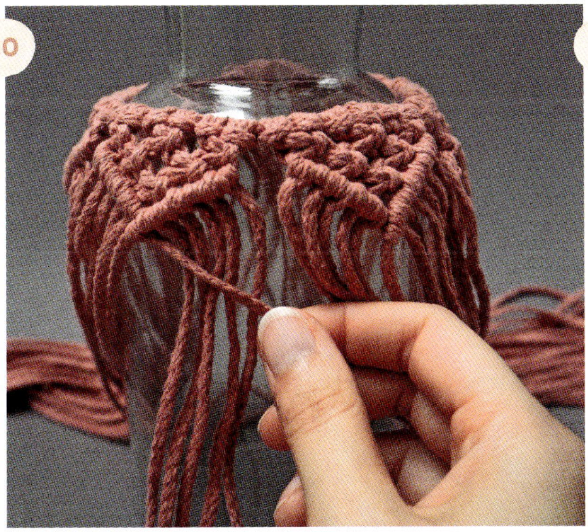

11

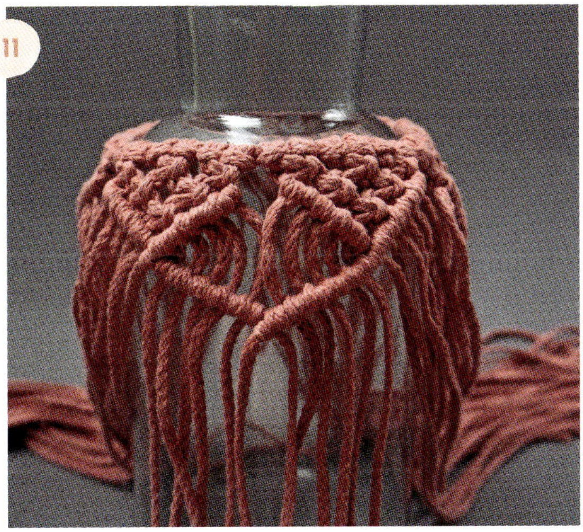

12

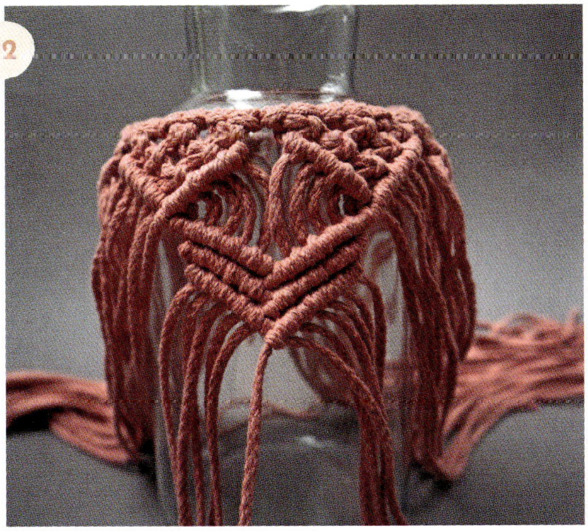

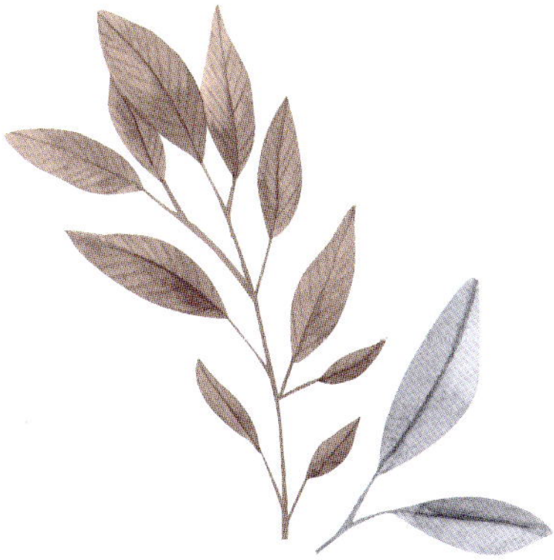

Brillen-Etui „Amber"

MATERIAL

MOTIVHÖHE:
ca. 98 cm

22 Baumwollfäden in Honig/Toffee, geflochten, ø 2–3 mm, 2 m lang
9 Baumwollfäden in Honig/Toffee, geflochten, ø 2-3 mm, 70 cm lang | Klettpunkt
Große Sticknadel | Textilkleber | Schere | Kamm

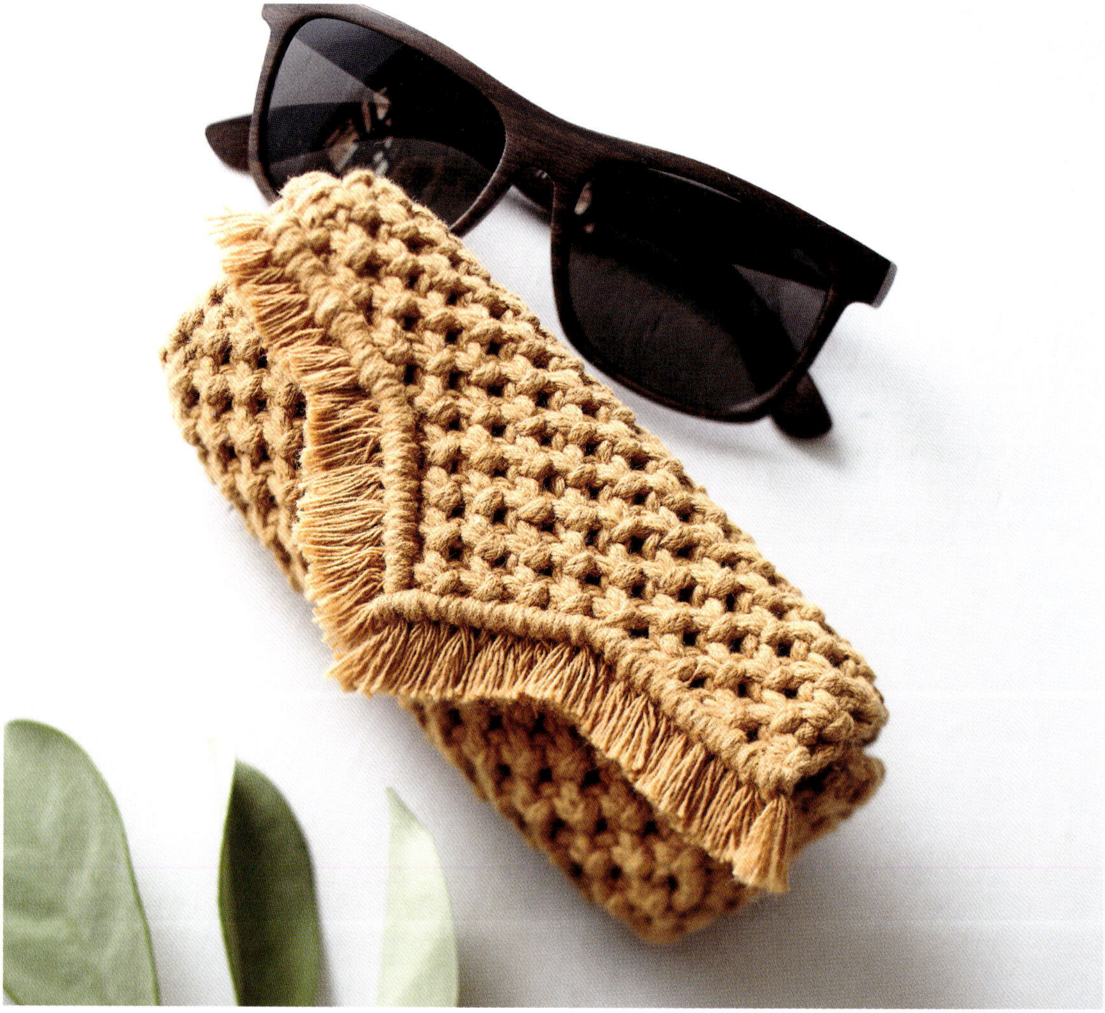

Das Garn ist hier etwas länger kalkuliert, da der Verbrauch davon abhängt, wie fest Sie knoten. Außerdem können Sie so Ihr Etui auf Wunsch größer knoten. Die Garnreste können Sie für die Wickelknoten oder Tasseln anderer Projekte aus diesem Buch verwenden.

Sollte Ihre Brille breiter sein als 14,5 cm, dann sollten Sie mit vier weiteren 2 m Fäden knoten, sodass die Reihen Ihres Etuis mit zwei Kreuzknoten mehr geknotet werden.

1 Befestigen Sie alle 2 m langen Fäden mit dem von vorne geknoteten Ankerknoten mittig an einem 70 cm langen Faden.

2 Mit allen 44 Strängen elf Kreuzknoten nebeneinander knoten.

3 Es folgt eine versetzte Reihe Kreuzknoten. Legen Sie dazu auf beiden Seiten je zwei Stränge weg. Knoten Sie mit den restlichen 40 Strängen zehn Kreuzknoten.

4 Wiederholen Sie abwechselnd Schritt 2–3, bis Sie insgesamt 31 Reihen bzw. ein ca. 18 cm langes Stück geknotet haben. Den Abschluss bildet eine Reihe aus elf Kreuzknoten.

5 Nun wird die Klappe des Etuis geknotet. Legen Sie dazu auf beiden Seiten je 14 Stränge beiseite und knoten Sie mit den mittleren 16 Strängen vier Kreuzknoten.

6 Es folgen abnehmende Reihen. Die beiden jeweils äußeren Stränge der 16 Stränge aus Schritt 5 weglegen. Knoten Sie mit den zwölf mittleren Strängen drei Kreuzknoten. Wiederholen Sie das Vorgehen und legen Sie in jeder weiteren Reihe zusätzlich auf beiden Seiten jeweils die beiden äußeren Stränge weg. So knoten Sie in jeder Reihe einen Kreuzknoten weniger, bis Sie nur noch einen als Spitze des Dreiecks knoten können.

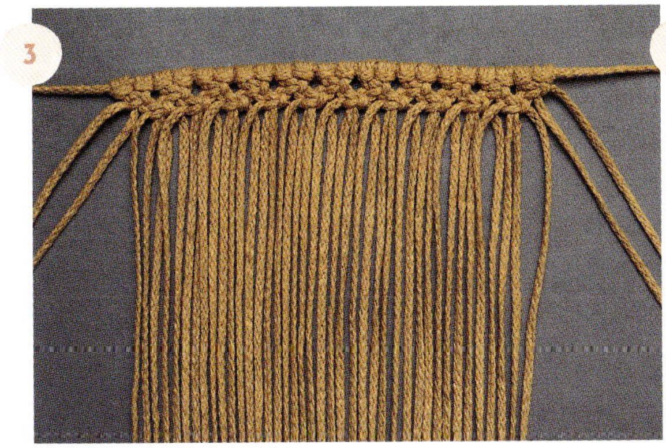

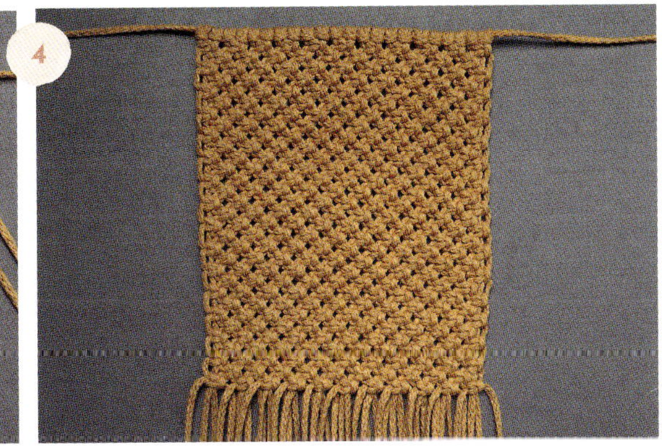

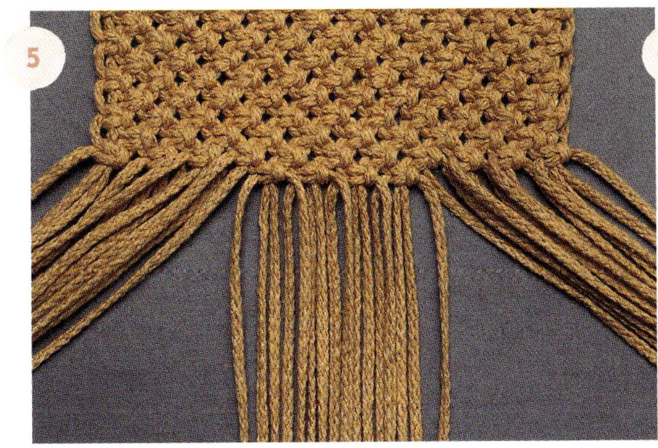

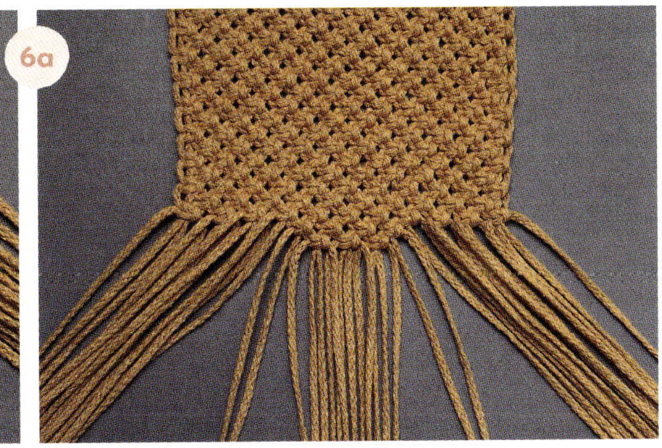

7 Zum Abschluss wird der Zierrand der Klappe mit Rippenknoten geknotet. Teilen Sie dazu alle Stränge in der Mitte auf, sodass auf beiden Seiten 22 Stränge liegen. Legen Sie die rechten Stränge für diesen Schritt weg. Halten Sie den äußeren linken Strang als Trägerfaden über die 21 Arbeitsfäden und knoten Sie eine Rippenknoten-Reihe, die eng entlang der Kreuzknoten verläuft. Schieben Sie hierbei die Rippenknoten immer wieder eng zusammen. Sollte die Rippenknoten-Reihe sich zum Schluss trotzdem nach außen verschieben, ziehen Sie kräftig, aber kontrolliert, am Trägerfaden, sodass sie mit dem Kreuzknoten-Muster abschließt.

8 Wiederholen Sie Schritt 7 für die rechten Stränge. Nutzen Sie hier den rechten, äußeren Strang als Trägerfaden. Verbinden Sie die Rippenknoten in der Mitte, indem Sie den Trägerfaden der linken Seite als zusätzlichen Arbeitsfaden nutzen.

9 Nun werden die Seiten des Etuis geknotet. Befestigen Sie dazu auf einer Seite vier 70 cm lange Fäden mit dem von hinten geknoteten Ankerknoten außen von den Ankerknoten aus gezählt in der 4., 5., 6. und 7. Schlaufe. Die Schlaufen entstehen immer in den versetzten Reihen (Schritt 3).

10 Mit den mittleren vier Strängen einen Kreuzknoten knoten.

11 Knoten Sie nun mit allen acht Strängen zwei Kreuzknoten nebeneinander.

12 Wiederholen Sie Schritt 10 und führen Sie anschließend den jeweils äußeren Strang der beiden Kreuzknoten aus Schritt 11 durch die je nächstgelegene Schlaufe von innen nach außen.

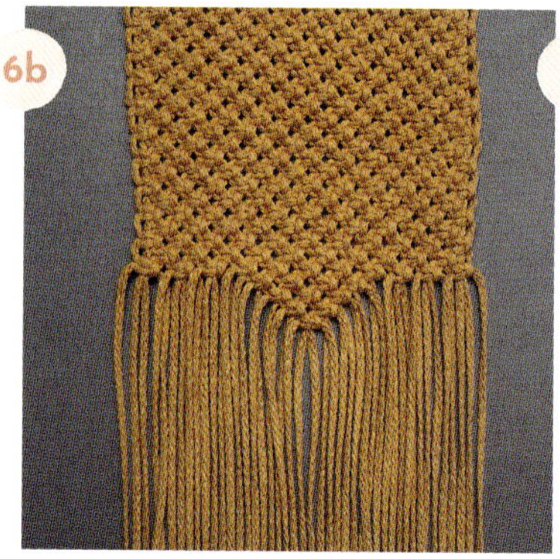
6b

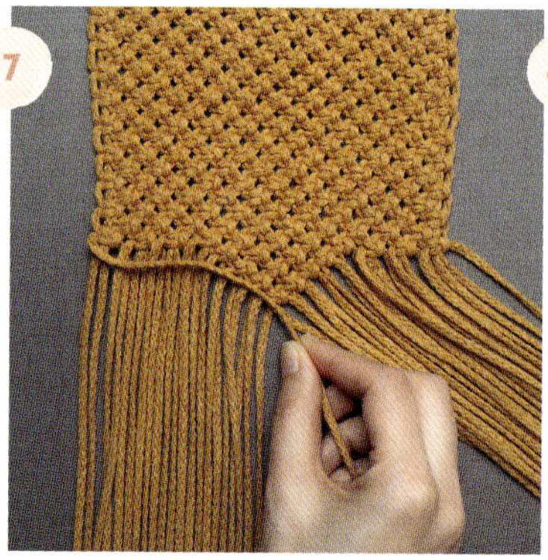
7

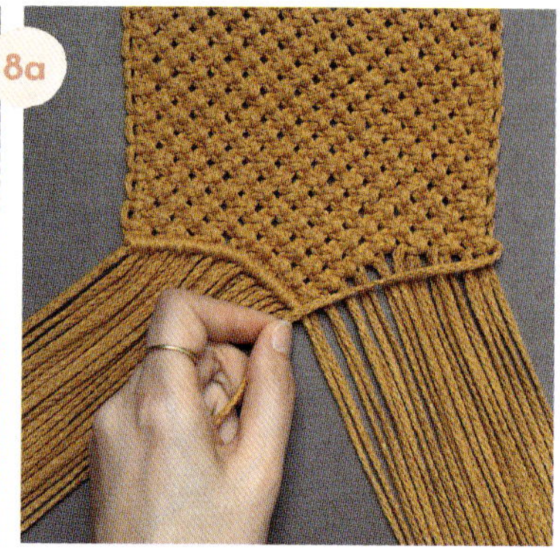
8a

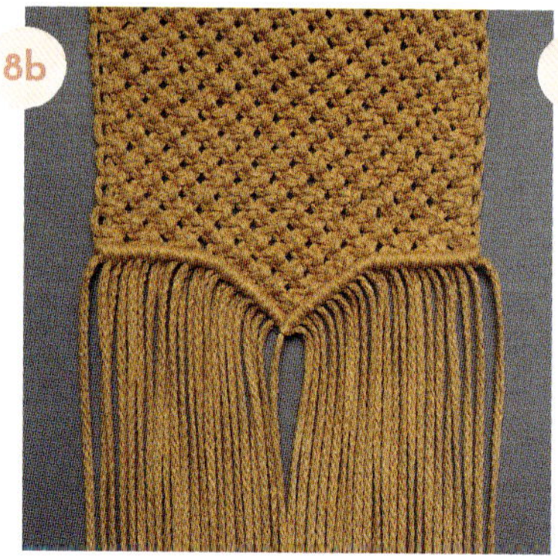
8b

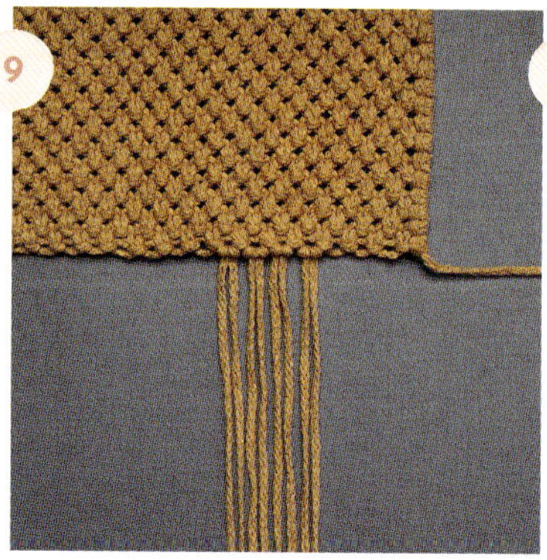
9

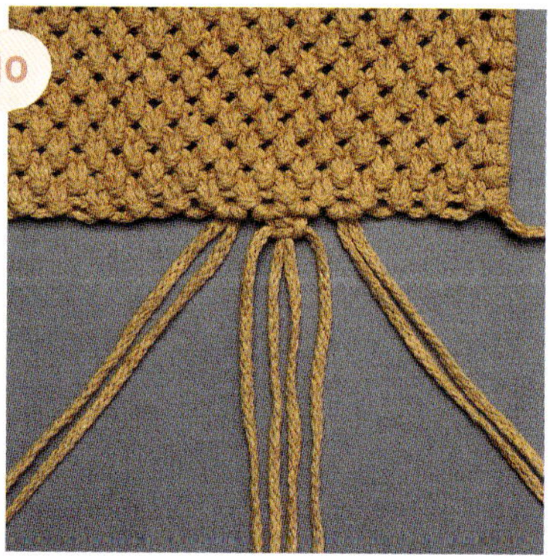
10

13 Wiederholen Sie nun Schritt 11 und knoten Sie erneut zwei Kreuzknoten nebeneinander.

14 Wiederholen Sie das Vorgehen aus Schritt 12-13, bis Sie insgesamt neun Reihen für die Seite geknotet haben.

15 Für den Abschluss der Etui-Seite folgen noch zwei Kreuzknoten nebeneinander. Knoten Sie dazu auf der Seite der Klappe den Kreuzknoten, wie schon in den Schritten zuvor beschrieben. Für den Kreuzknoten auf der Seite der Ankerknoten nutzen Sie nun fünf Stränge, wobei die drei mittleren Stränge als Trägerfäden dienen. Der Trägerfaden aus Schritt 1 übernimmt nun die Funktion eines Arbeitsfadens.

16 Nun werden die Enden innen vernäht und anschließend gekürzt.

17 Wiederholen Sie Schritt 9-16 für die andere Etui-Seite. Es kann sein, dass das Etui im ersten Moment zu klein wirkt. Ziehen Sie das Etui etwas auseinander und dehnen Sie die Seiten, dann wird Ihre Brille ohne Probleme hineinpassen.

18 Kürzen Sie zum Schluss die Enden der Klappe auf ein paar Zentimeter. Kämmen Sie diese dann aus und kürzen Sie sie gleichmäßig auf 1 cm Länge.

19 Damit das Etui schließt, wird innen ein Klettpunkt oder, alternativ, ein kleines Stück Klettband angeklebt.

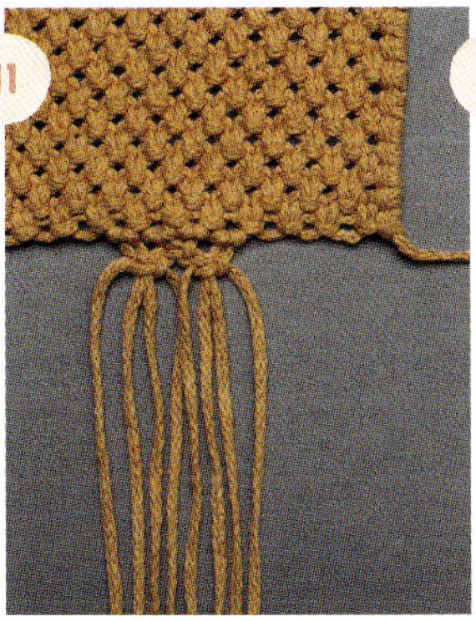
11

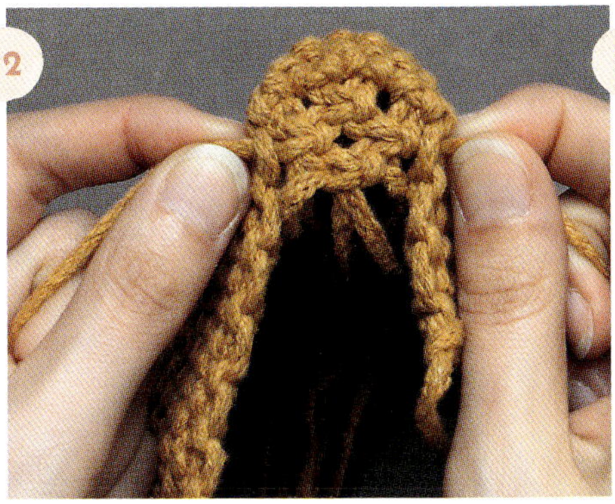
12

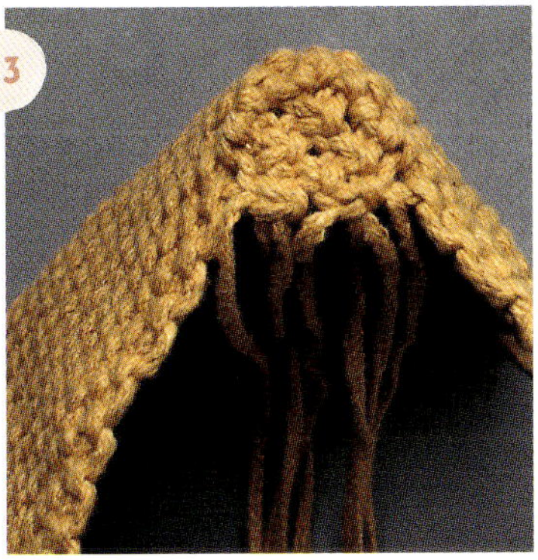
13

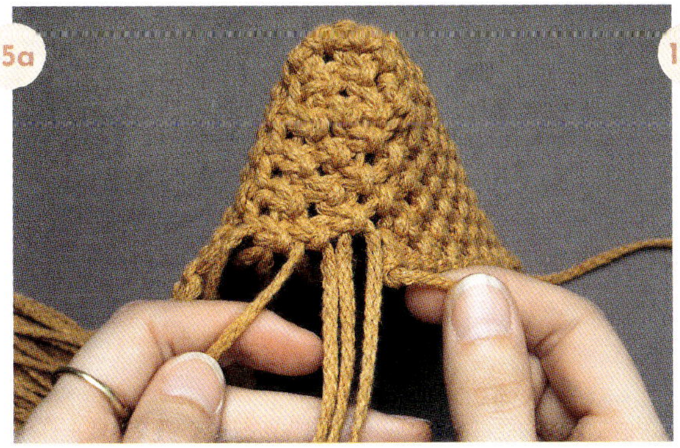
15a

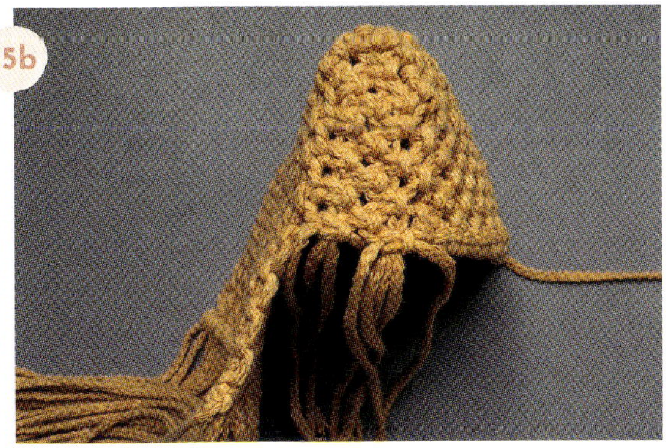
15b

Schlüsselanhänger „Armandine“

MOTIVHÖHE:
ca. 17 cm

MATERIAL

3 Baumwollfäden in Natur, geflochten, ø 2-3 mm, 2,6 m lang | Baumwollfaden in Natur, geflochten, ø 2-3 mm, 30 cm lang | Karabiner | Kreppklebeband, 2 cm breit | Schere

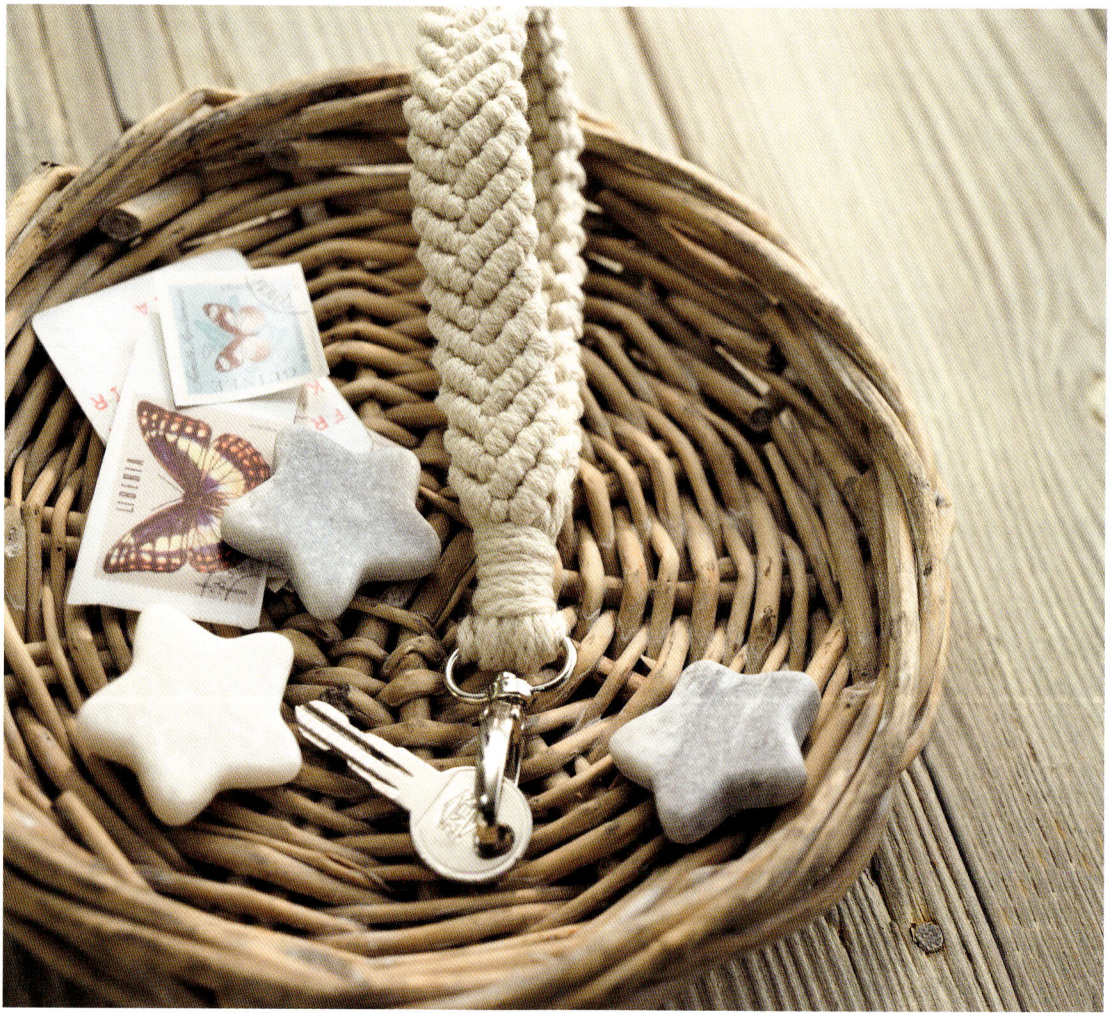

1 Befestigen Sie alle 2,60 m lange Fäden mit dem von vorne geknoteten Ankerknoten am Karabiner.

2 Die oberen etwa 2 cm der Stränge mit Krepp-klebeband abkleben. Teilen Sie anschließend alle Stränge in der Mitte auf, sodass auf beiden Seiten jeweils drei Stränge liegen. Legen Sie die drei Stränge der rechten Seite weg. Halten Sie den äußeren linken Strang als Trägerfaden etwa in einem Winkel von 45° über die beiden Arbeitsfäden schräg nach unten in die Mitte. Knoten Sie eine Reihe Rippenknoten.

3 Wiederholen Sie Schritt 2 für die rechte Seite. Um die Reihe Rippenknoten in der Mitte zu verbinden, nutzen Sie den Trägerfaden der linken Seite als zusätzlichen Arbeitsfaden.

4 Wiederholen Sie Schritt 2-3 für ein Muster aus spitz zulaufenden Reihen Rippenknoten, bis Sie 33 Reihen bzw. etwa 24 cm Muster geknotet haben.

5 Das Kreppklebeband entfernen und die Enden durch die Karabiner-Öse führen, bis das Muster bündig aufeinanderliegt.

6 Nutzen Sie einen zusätzlichen, 30 cm langen Faden, um an dem Freiraum zwischen Muster und Karabiner einen Wickelknoten zu knoten. Kürzen Sie nicht nur die Enden des Wickelknotens bündig zu dem Knoten, sondern auch die Enden des Musters.

1
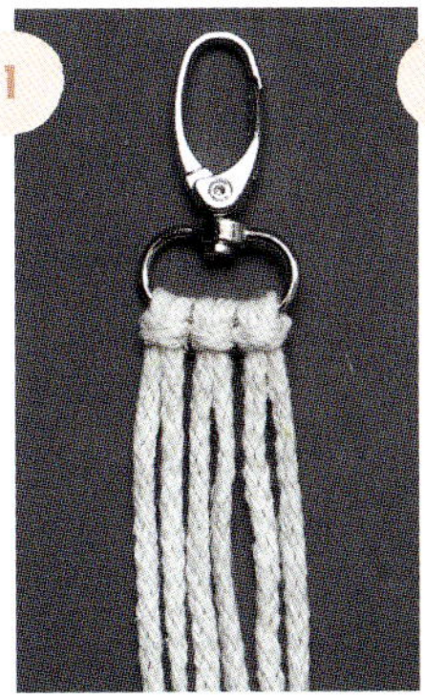

2
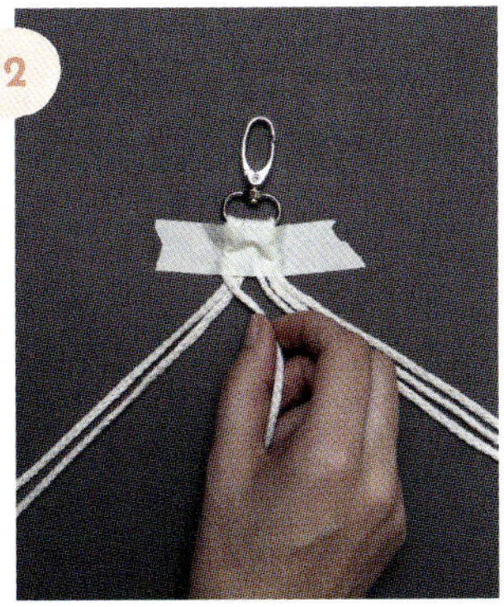

3a
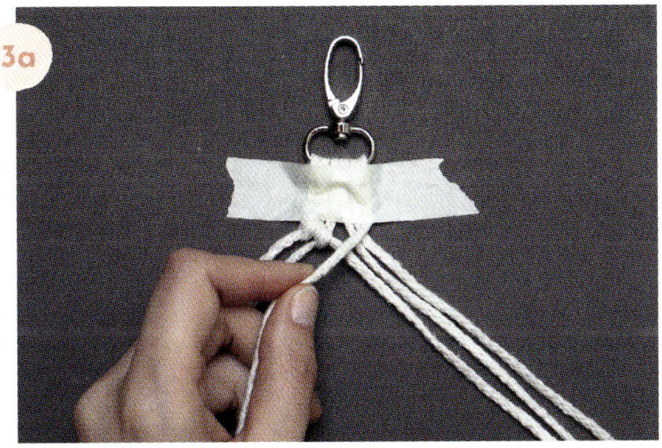

3b
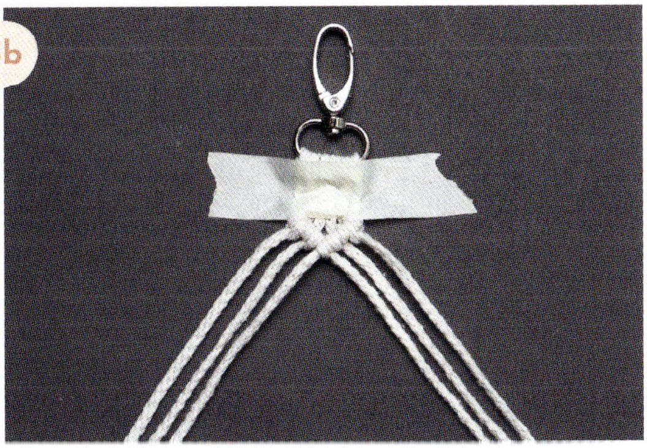

5
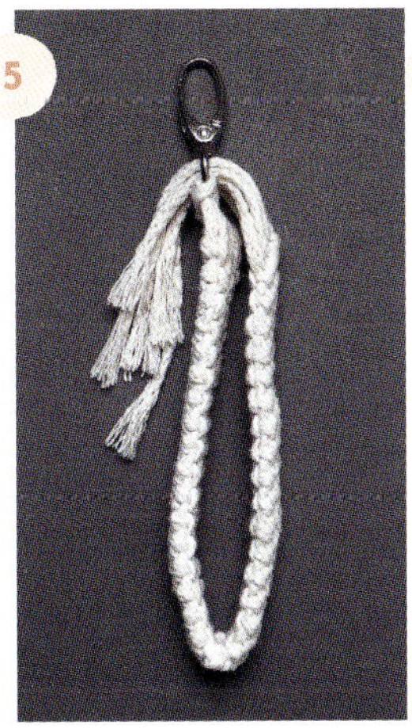

6
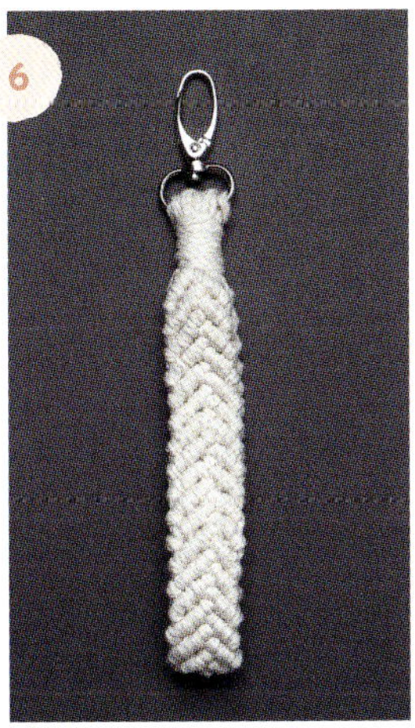

Tipps & Tricks

Suchen Sie doch bei einem schönen Spaziergang einen hübschen verbogenen Ast.

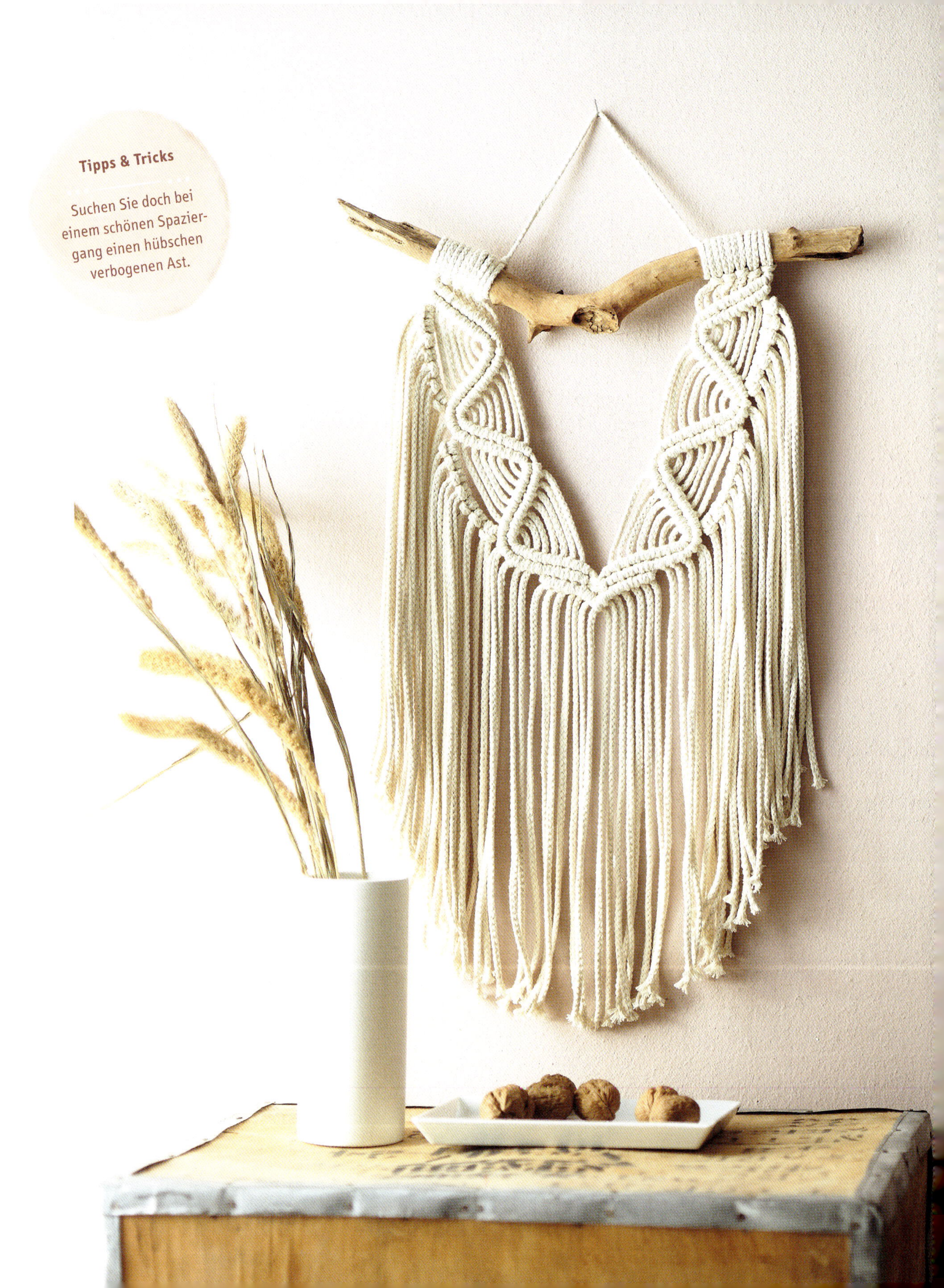

Zickzack-Wandbehang „Evangeline“

MATERIAL

10 Baumwollfäden in Natur, geflochten, ø 4 mm, 3,10 m lang | 30 Baumwollfäden in Natur, geflochten, ø 4 mm, 80 cm lang | Baumwollfaden in Natur, geflochten, ø 4 mm, 50 cm lang | Gebogener Ast, 40 cm lang | Schere

MOTIVLÄNGE: ca. 60 cm

1 Befestigen Sie fünf der zehn 3,10 m langen Baumwollfäden mit dem von vorne geknoteten Ankerknoten außen am Ast.

2 Das Muster besteht überwiegend aus Rippenknoten. Dazu den äußeren Strang als Trägerfaden schräg nach unten in einem Winkel von etwa 45° zum Ast über die anderen neun Stränge (Arbeitsfäden) halten. Knoten Sie eine Reihe Rippenknoten.

3 Es folgt eine zweite Reihe Rippenknoten parallel zu der Reihe Rippenknoten aus Schritt 2. Halten Sie dazu wieder den nun obersten, äußeren Faden schräg nach unten über die Arbeitsfäden. Dieses Mal knoten Sie allerdings nur mit acht Arbeitsfäden eine Reihe Rippenknoten. Der Trägerfaden aus Schritt 2 bleibt hier ungeknotet.

4 Den Trägerfaden aus Schritt 3 nach außen und schräg nach unten über die acht Arbeitsfäden aus Schritt 3 halten. Die Reihen Rippenknoten aus Schritt 2-3 und der Trägerfaden bilden dabei etwa einen 90° Winkel. Knoten Sie mit den acht Arbeitsfäden eine Reihe Rippenknoten. Der Trägerfaden aus Schritt 2 bleibt auch hier unberührt.

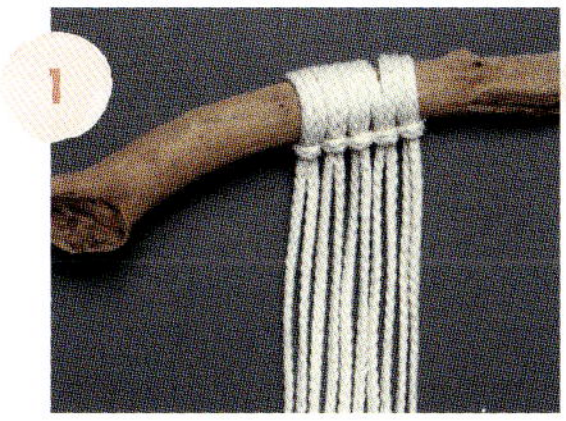

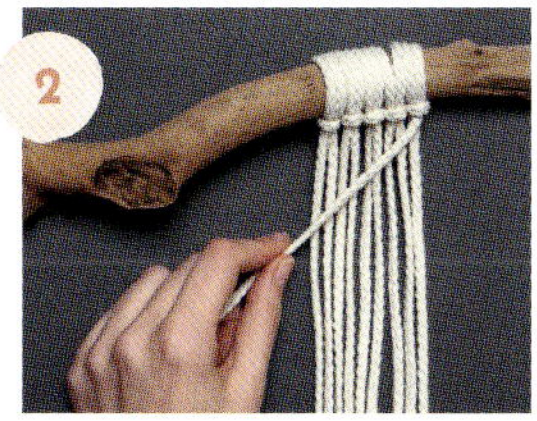

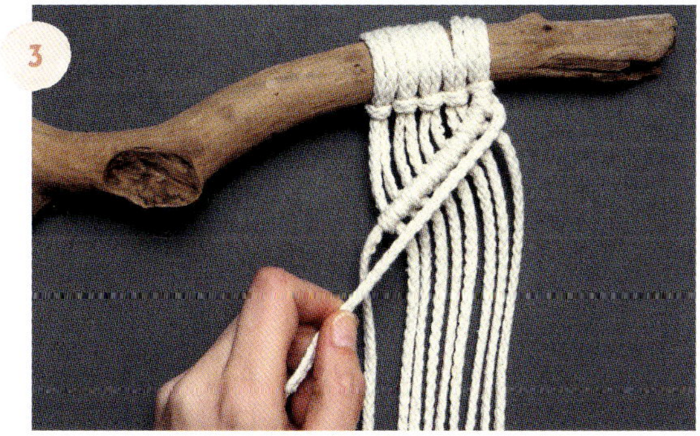

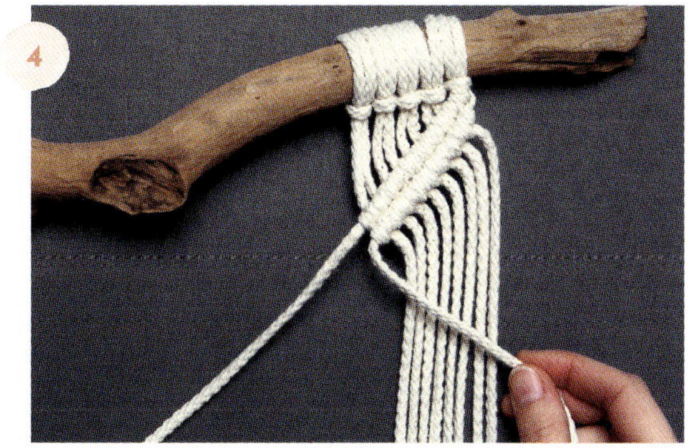

5 Es folgt wieder eine zweite Reihe Rippenknoten parallel zur Rippenknoten-Reihe aus Schritt 4. Dazu halten Sie den Trägerfaden aus Schritt 2 nach außen und schräg nach unten über die Arbeitsfäden. Knoten Sie mit acht Arbeitsfäden eine Reihe Rippenknoten. Der Trägerfaden aus Schritt 4 bleibt hier ungeknotet.

6 Wiederholen Sie die Schritte 2-5, bis Sie insgesamt fünf Doppelreihen Rippenknoten geknotet haben. Die letzten Rippenknoten-Reihen sollten nach innen verlaufen. Achten Sie darauf, dass Sie die Rippenknoten immer nur mit acht Arbeitsfäden knoten und die Trägerfäden ungeknotet bleiben.

7 Das Muster wird mit den anderen fünf 3,10 m langen Baumwollfäden auf der anderen Seite des Astes wiederholt.

8 Führen Sie die beiden geknoteten Muster mittig zusammen. Knoten Sie mit den insgesamt vier Trägerfäden beider Muster einen Kreuzknoten, um sie in der Mitte zu verbinden.

9 Alle Stränge mittig aufteilen, sodass auf beiden Seiten jeweils zehn Stränge liegen. Legen Sie die zehn Stränge einer Seite weg. Zusätzlich werden die drei äußeren Stränge der nun noch vor Ihnen liegenden Stränge beiseitegelegt. Der nächstfolgende Strang, also der vierte von außen gezählt, dient als Trägerfaden. Halten Sie diesen über die restlichen sechs Arbeitsfäden in Richtung Mitte. Knoten Sie eine Reihe Rippenknoten.

10 Wiederholen Sie Schritt 9 für die andere Seite. Verbinden Sie die Reihe Rippenknoten in der Mitte, indem Sie den Trägerfaden aus Schritt 9 als zusätzlichen Arbeitsfaden nutzen. So knoten Sie auf dieser Seite mit sieben Arbeitsfäden.

5

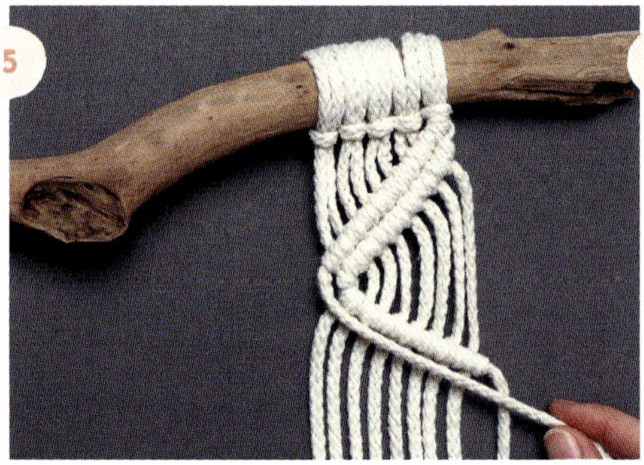

8

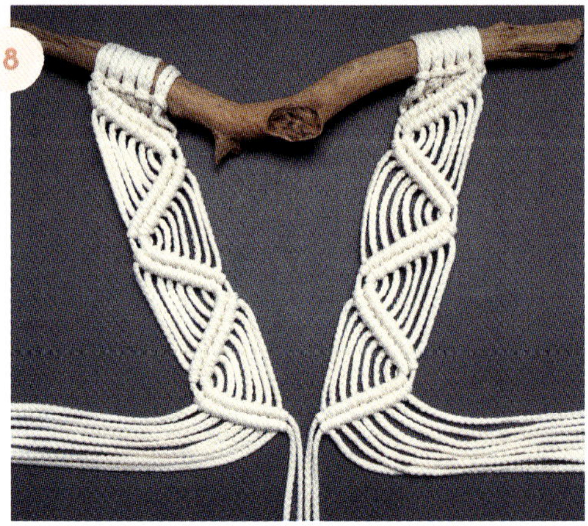

9

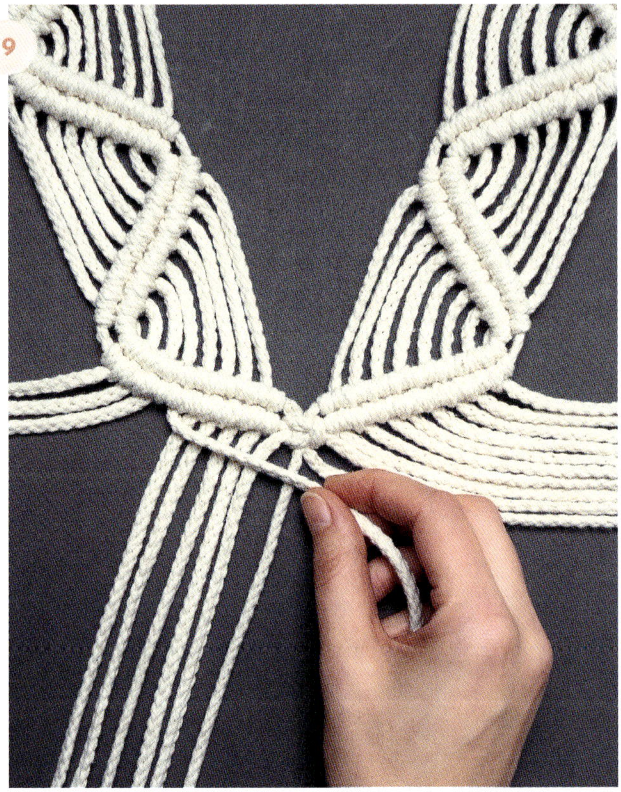

11 An den äußeren Kammern, die durch die im Zickzack verlaufenden Rippenknoten-Reihen entstanden sind, werden jeweils sieben 80 cm lange Fäden mit dem von vorne geknoteten Ankerknoten am äußeren Strang befestigt.

12 Zusätzlich werden an den beiden äußeren Spitzen der Zickzack-Rippenknoten-Reihen jeweils ein 80 cm langer Faden mit dem von hinten geknoteten Ankerknoten befestigt. Dazu wird die Schlaufe von hinten nach vorne durch den Zwischenraum geführt.

13 Befestigen Sie zum Schluss noch den 50 cm langen Faden mit zwei Doppelknoten am Ast, damit Sie den Wandbehang aufhängen können.

14 Bei Bedarf schneiden Sie die Fransen in Form.

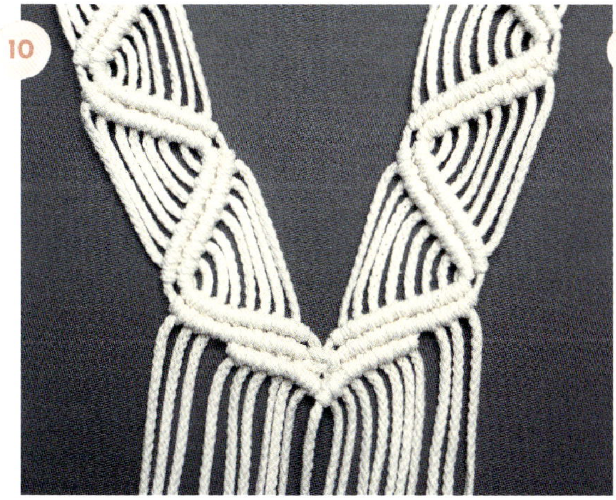

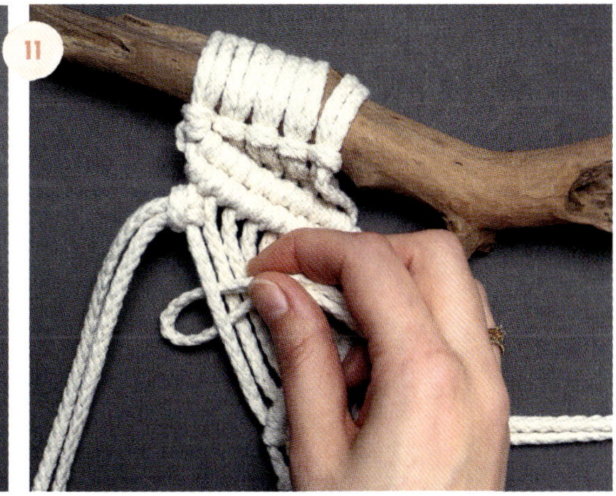

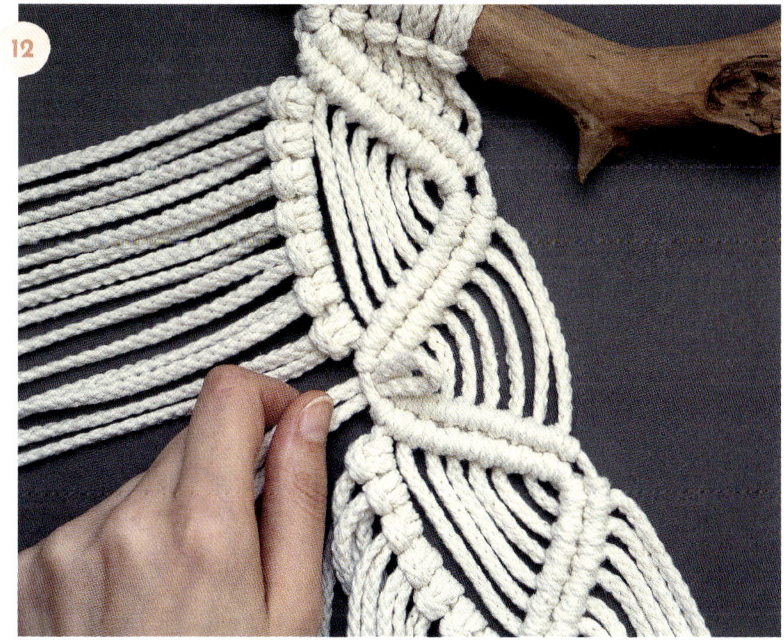

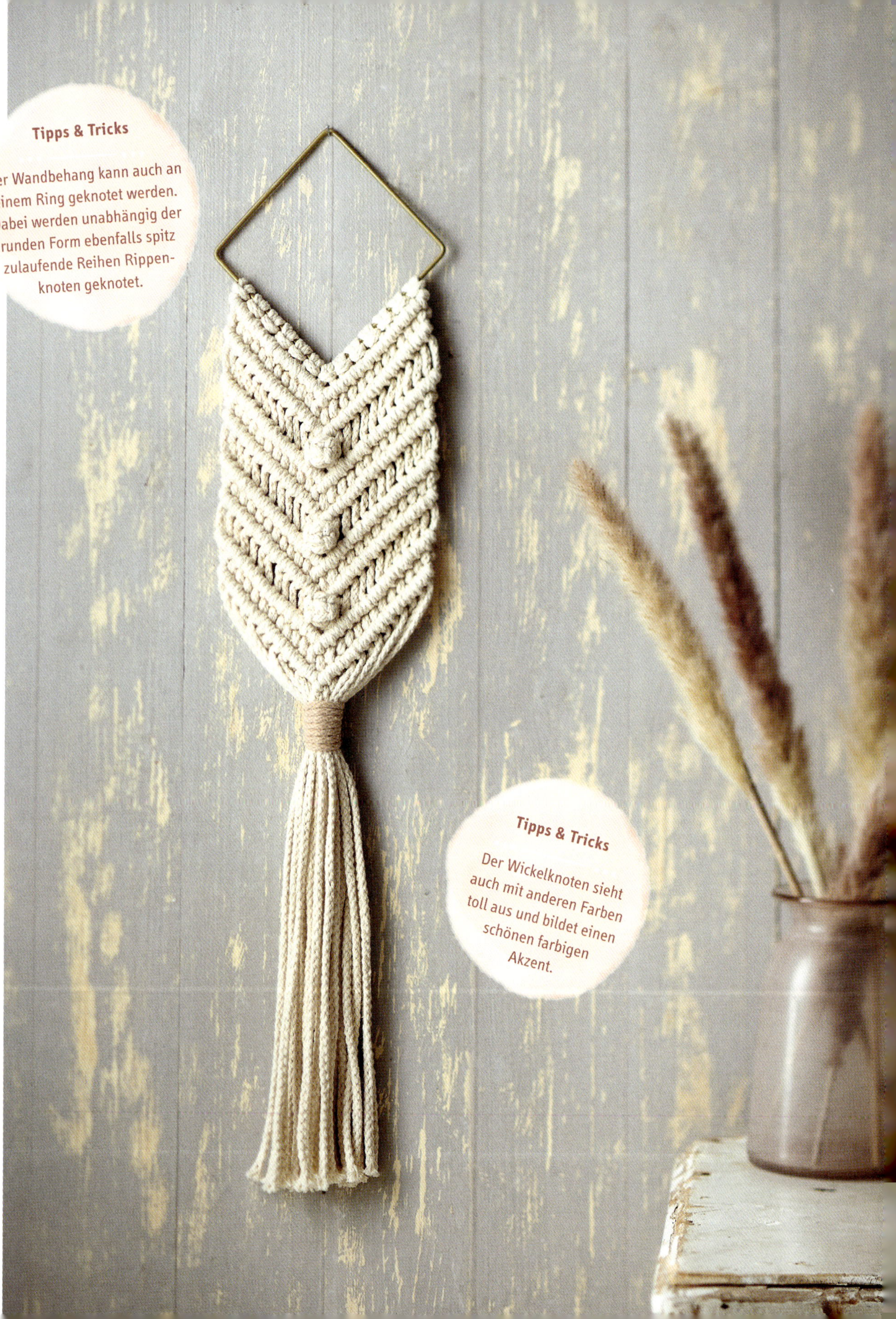

Tipps & Tricks

Der Wandbehang kann auch an einem Ring geknotet werden. Dabei werden unabhängig der runden Form ebenfalls spitz zulaufende Reihen Rippenknoten geknotet.

Tipps & Tricks

Der Wickelknoten sieht auch mit anderen Farben toll aus und bildet einen schönen farbigen Akzent.

Meerjungfrauen-Wandbehang „Arielle“

MATERIAL

13 Baumwollfäden in Natur, geflochten, ø 4 mm, 3,50 m lang
Baumwollfaden in Nude/Puderrosa, geflochten, ø 4 mm, 70 cm lang
Metallring Quadrat in Gold, 10 cm groß | Schere

MOTIVLÄNGE:
ca. 60 cm
(mit Ring)

1 Alle 12 3,50 m langen Fäden mit dem von vorne geknoteten Ankerknoten am Metallring befestigen, sodass sie mittig an einer Ecke des Quadrats liegen.

2 Es folgt eine Reihe Rippenknoten, die entlang der beiden Kanten des Quadrats verlaufen. Der jeweils oberste Faden dient als Trägerfaden. Alle Stränge werden mittig aufgeteilt und die 13 Stränge der einen Seite weggelegt. Halten Sie den obersten Faden der anderen Seite über die zwölf Arbeitsfäden in Richtung Mitte bzw. untere Ecke des Quadrats. Knoten Sie eine Reihe Rippenknoten.

3 Wiederholen Sie Schritt 2 für die andere Seite. Verbinden Sie die Reihe Rippenknoten in der Mitte an der Spitze, indem der Trägerfaden der anderen Seite als zusätzlicher Arbeitsfaden für diese Seite genutzt wird. Hier wird also (wie in Schritt 2) mit 13 statt mit 12 Arbeitsfäden geknotet.

1

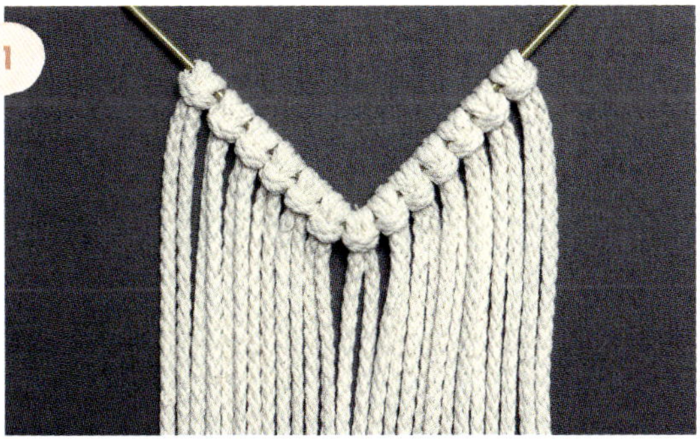

2

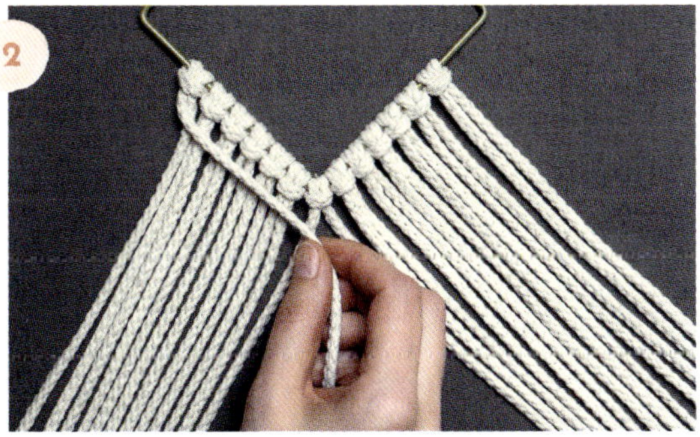

3

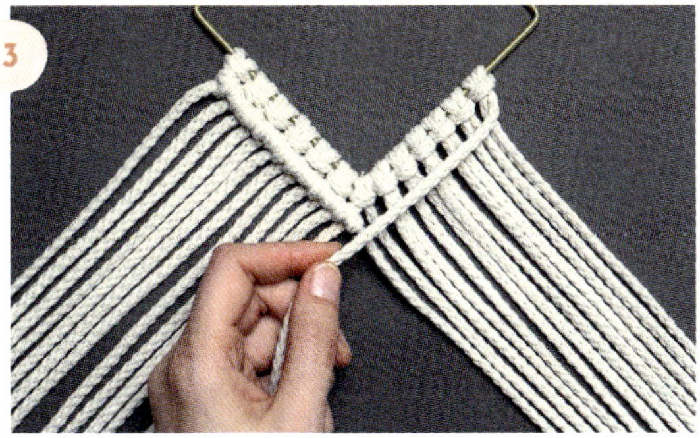

4 Das Makramee-Stück wird auf die Rückseite gedreht. Knoten Sie eine Reihe Rippenknoten, wie in Schritt 2–3 beschrieben.

5 Drehen Sie Ihr Makramee-Stück wieder auf die Vorderseite. Es wird erneut eine Reihe Rippenknoten geknotet, wie in Schritt 2–3 erklärt.

6 Knoten Sie mit den vier mittleren Strängen einen Beerenknoten.

7 Es folgt eine Reihe Rippenknoten. Durch den Beerenknoten aus Schritt 6 wird diese Rippenknoten-Reihe in einem Abstand von etwa 1,5 cm zu der Rippenknoten Reihe aus Schritt 5 geknotet. Beide Rippenknoten-Reihen verlaufen parallel und werden geknotet, wie in Schritt 2–3 beschrieben.

8 Das Muster wiederholt sich nun, bis insgesamt drei Beerenknoten geknotet wurden und schließt mit drei Reihen Rippenknoten, wie in Schritt 2–5 beschrieben, an.

9 Führen Sie alle Stränge mittig zusammen und halten diese mit einem Wickelknoten zusammen. Nutzen Sie dazu den zusätzlichen 70 cm langen Faden.

10 Schneiden Sie die Tassel auf die gewünschte Länge zu.

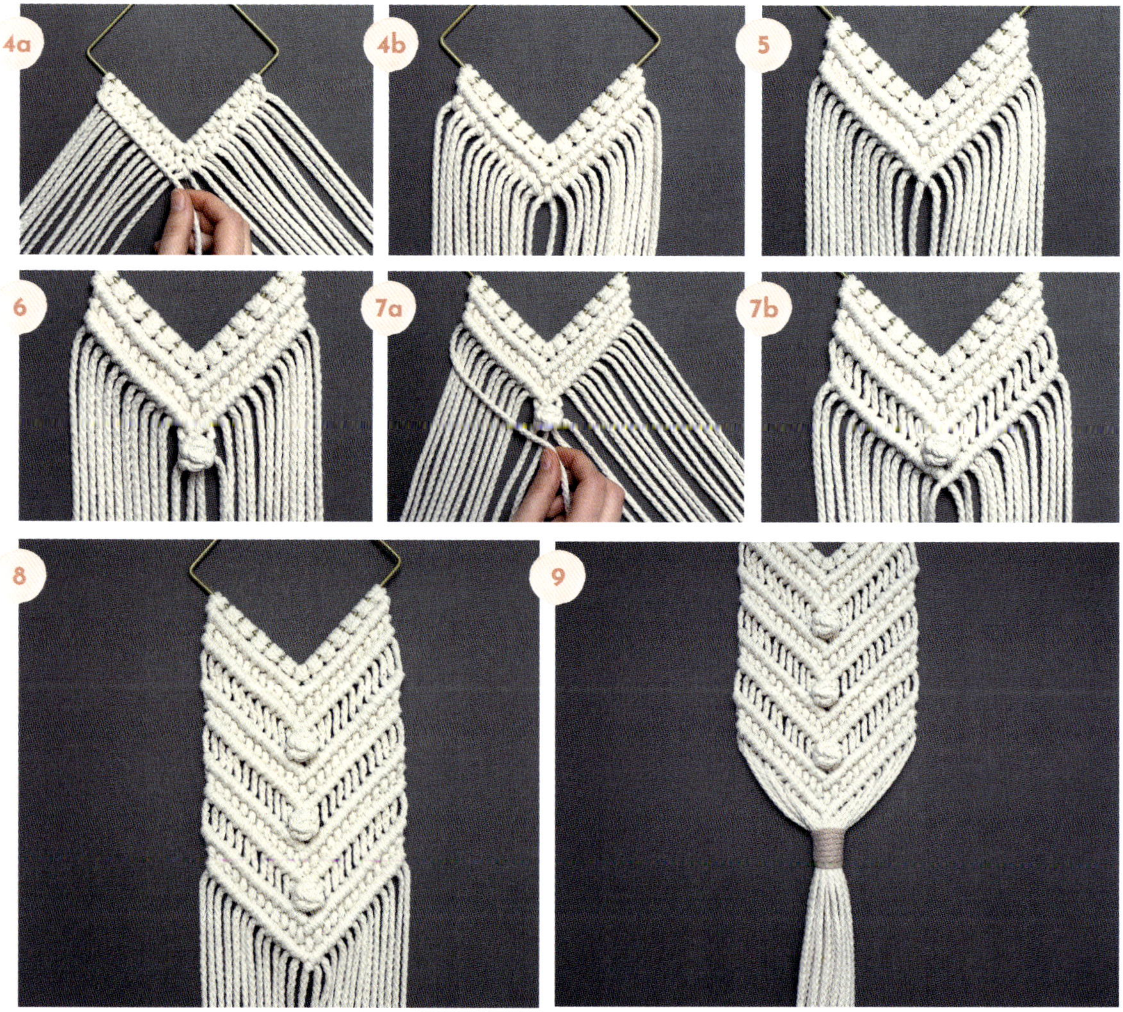

Geometrischer Wandbehang „Cassie“

MATERIAL

12 Baumwollfäden in Natur, geflochten, ø 4 mm, 3,30 m lang

MOTIVBREITE:
ca. 12,5 cm

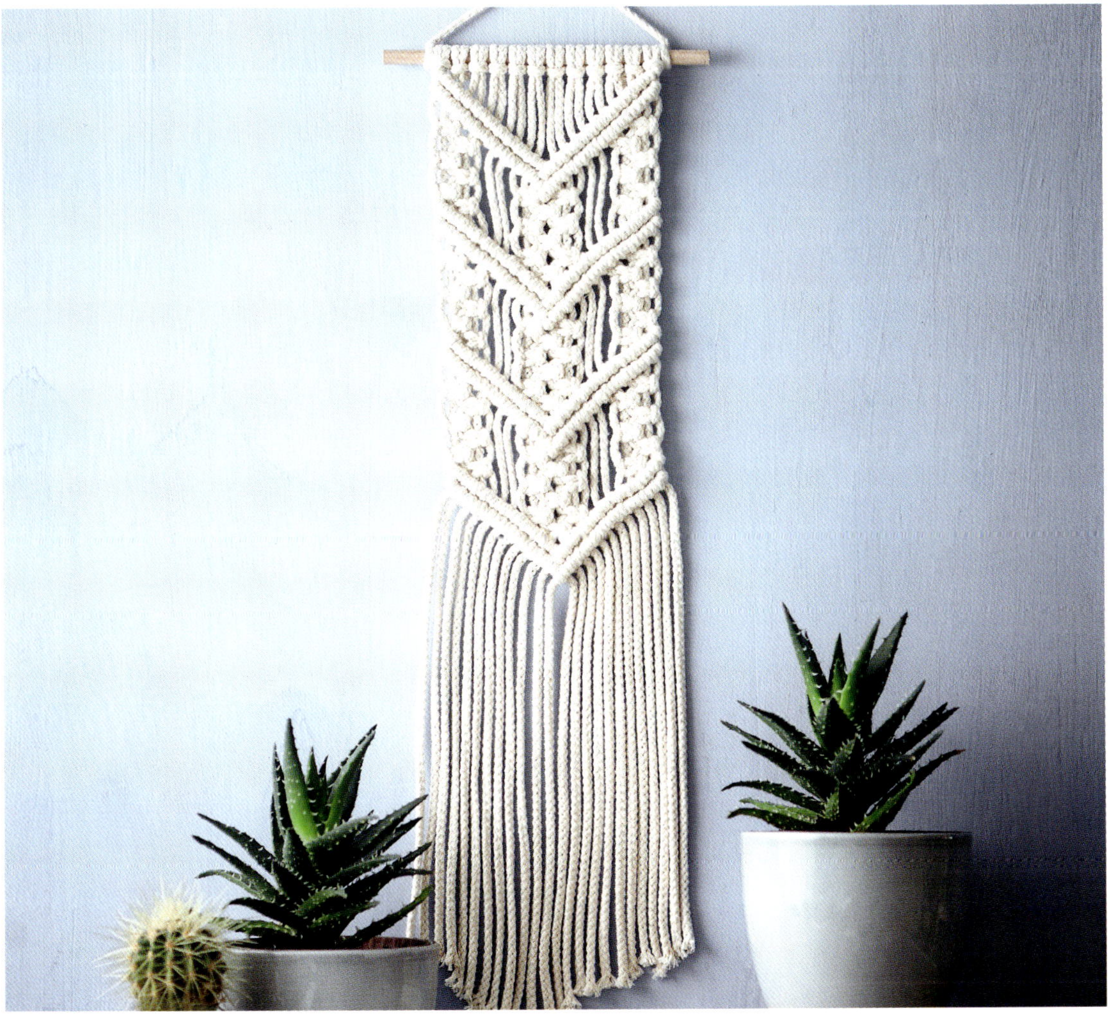

1 Befestigen Sie alle 3,30 m langen Baumwollfäden mit dem von vorne geknoteten Ankerknoten am Trägermedium.

2 Alle Stränge so aufteilen, dass auf beiden Seiten je zwölf Stränge liegen. Legen Sie die zwölf Stränge der rechten Seite erstmal beiseite. Den äußeren, linken Strang als Trägerfaden in einem Winkel von etwa 45° über die Arbeitsfäden schräg nach unten in die Mitte halten. Knoten Sie eine Reihe Rippenknoten.

3 Wiederholen Sie Schritt 2 für die Stränge der rechten Seite. Nutzen Sie hier den rechten, äußeren Strang als Trägerfaden. Um die beiden Rippenknoten-Reihen zu verbinden, dient der Trägerfaden der linken Seite als zusätzlicher Arbeitsfaden.

4 Wiederholen Sie Schritt 2–3 für eine zweite Reihe.

5 Es werden nun zwei äußere und eine mittlere Säule aus Kreuzknoten geknotet. Wir beginnen mit den äußeren Säulen. Knoten Sie mit den linken, äußeren vier Strängen einen Kreuzknoten.

6 Die äußeren Säulen bestehen aus abwechselnd einem linken und einem rechten Kreuzknoten. Legen Sie die linken beiden Stränge des linken Kreuzknotens aus Schritt 3 weg und nehmen Sie zwei Stränge rechts für den rechten Kreuzknoten hinzu. Knoten Sie einen Kreuzknoten.

7 Wiederholen Sie abwechselnd Schritt 5–6, bis Sie sechs Kreuzknoten geknotet haben. Der letzte Kreuzknoten der linken Säule ist ein rechter Kreuzknoten.

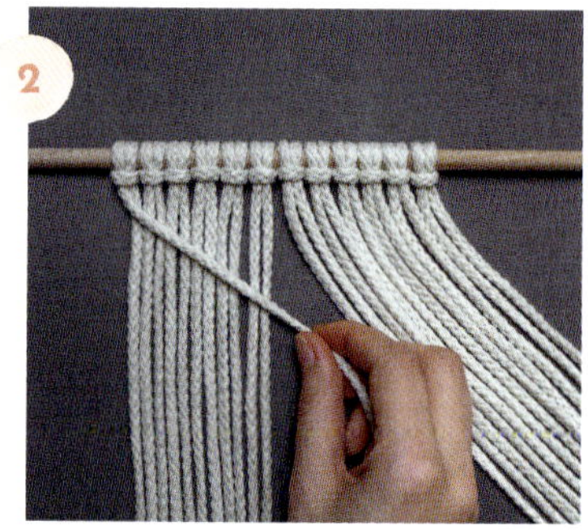

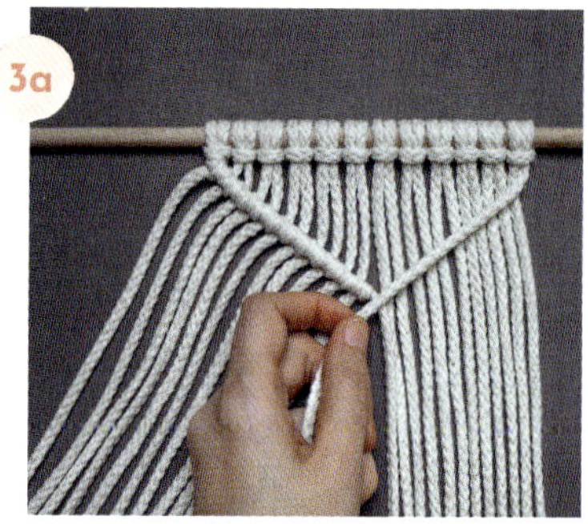

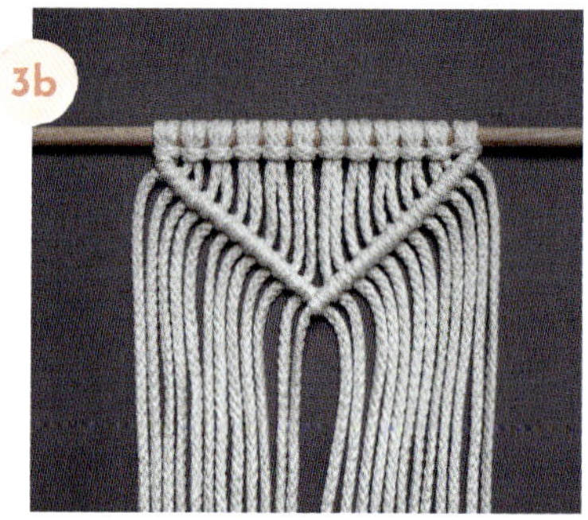

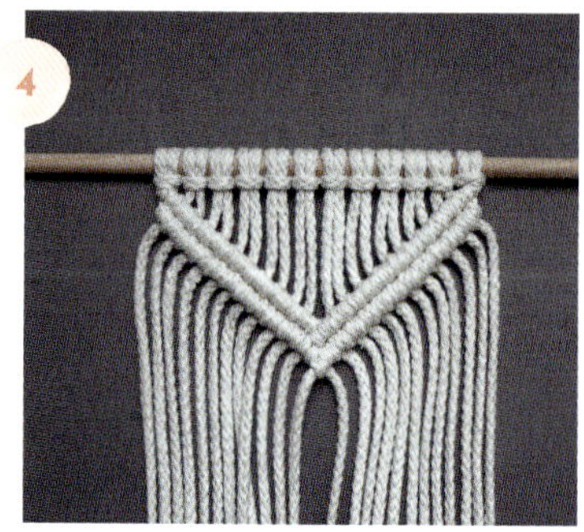

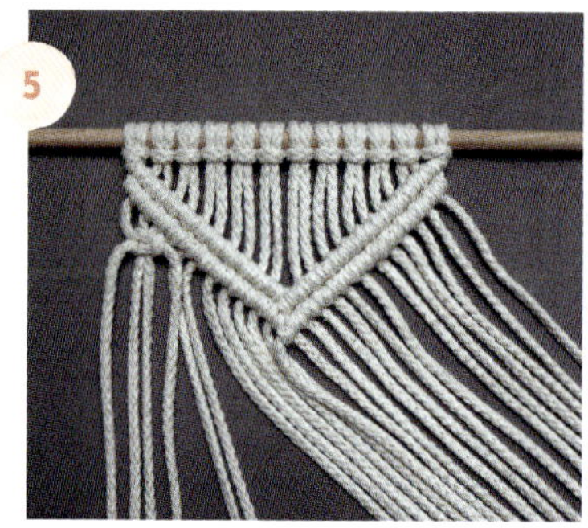

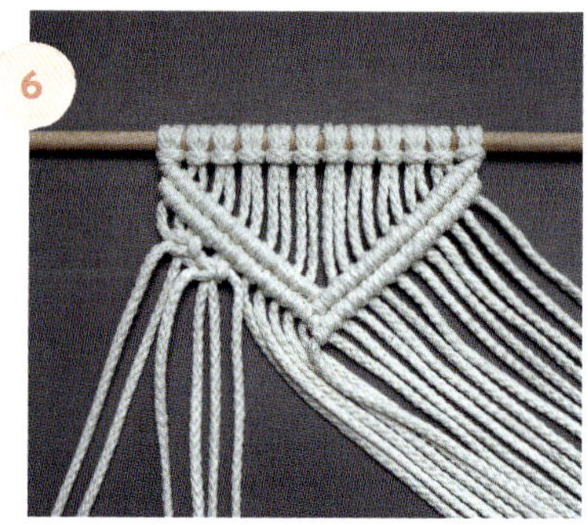

8 Wiederholen Sie Schritt 5-6 für die rechte Säule. Hier beginnen Sie mit den vier rechten Strängen außen und knoten einen rechten Kreuzknoten. Für den linken Kreuzknoten danach legen Sie die beiden rechten Stränge weg und nehmen zwei Stränge links hinzu. Knoten Sie auch hier sechs Kreuzknoten. Den Abschluss bildet ein linker Kreuzknoten.

9 Die mittlere Säule besteht aus abwechselnd einer Reihe mit zwei Kreuzknoten und einer mit einem Kreuzknoten. Dazu nehmen Sie die mittleren acht Stränge und knoten damit zwei Kreuzknoten.

10 Legen Sie die beiden äußeren Stränge weg. Mit den vier mittleren Strängen einen Kreuzknoten knoten.

11 Wiederholen Sie abwechselnd Schritt 9-10, bis Sie sechs Reihen geknotet haben. Den Abschluss bildet ein Kreuzknoten.

12 Zuletzt werden zwei spitz zulaufende Reihen Rippenknoten geknotet. Folgen Sie dazu Schritt 2-4.

13 Knoten Sie nun weitere zwei Abschnitte. Folgen Sie dabei Schritt 2-12 weitere zwei Mal. Danach können Sie die herunterhängenden Stränge nach Belieben kürzen.

8

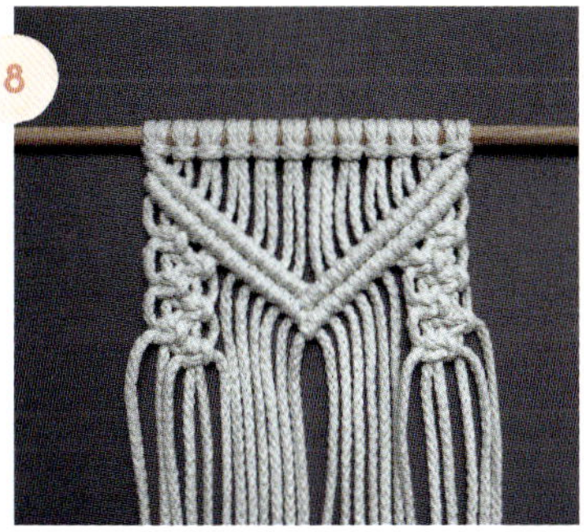

9

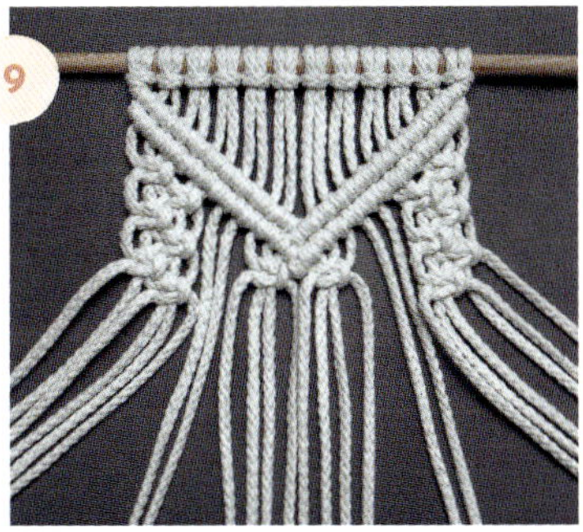

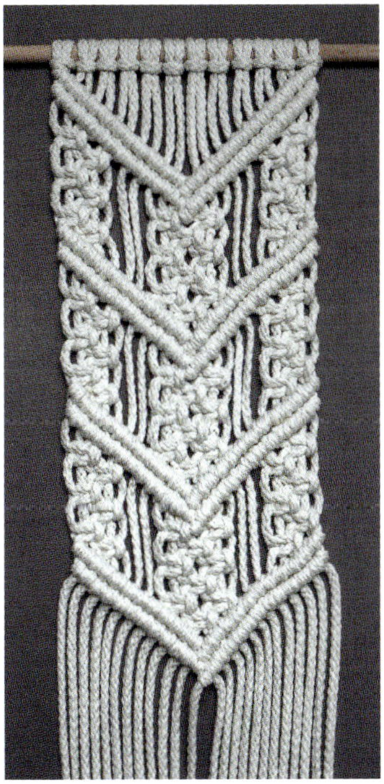

11

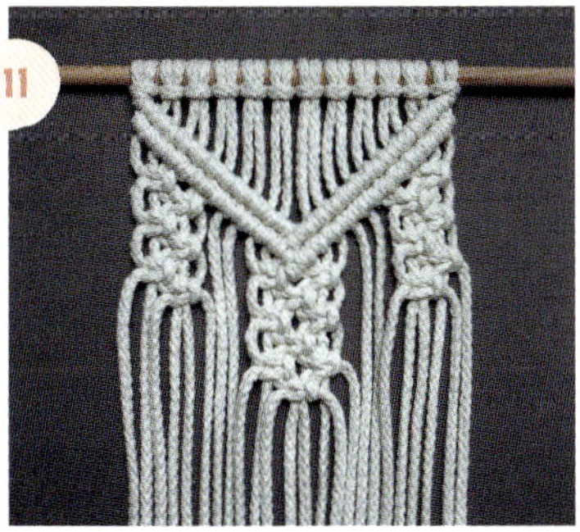

12

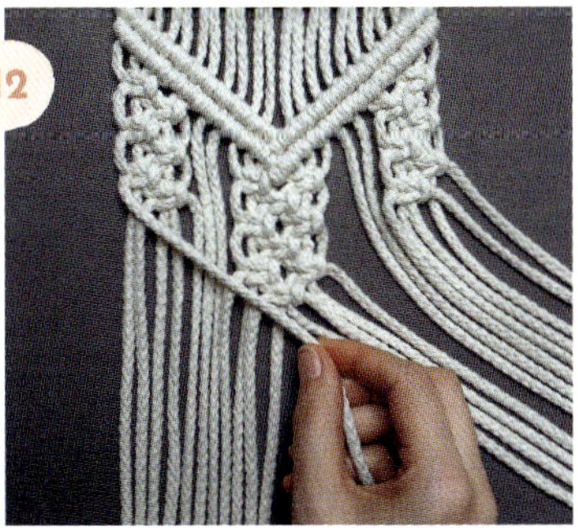

Noch mehr zum Thema gesucht?

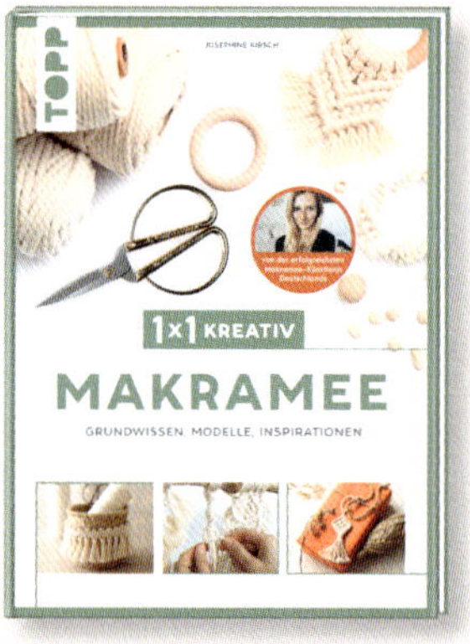

ISBN: 978-3-7358-5050-8

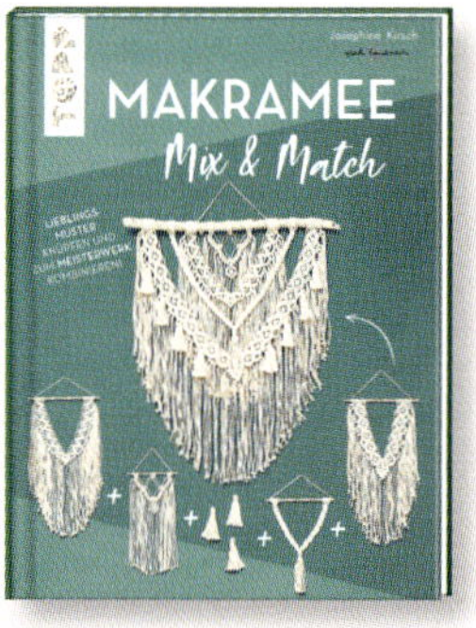

ISBN: 978-3-7724-4658-0

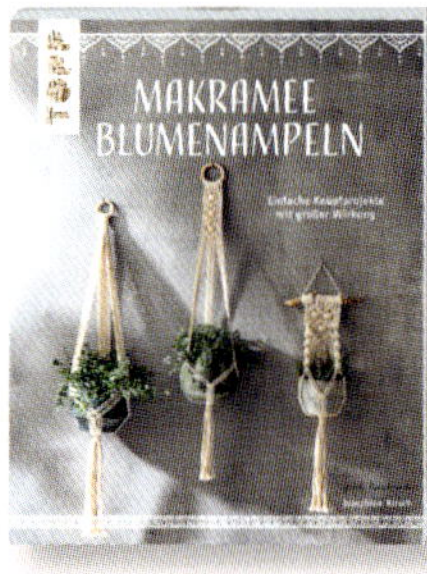

ISBN: 978-3-7724-4629-0

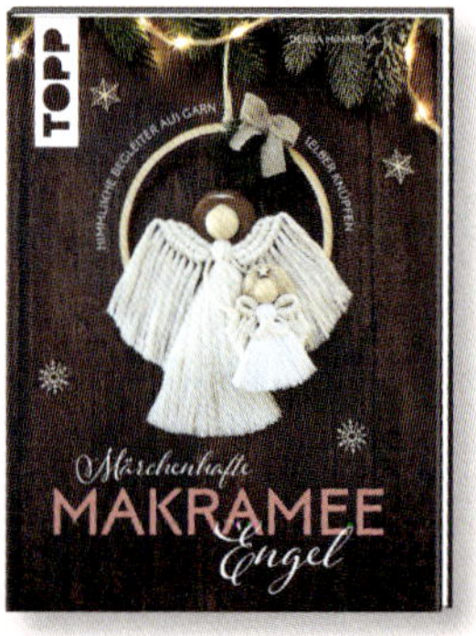

ISBN: 978-3-7358-5162-8

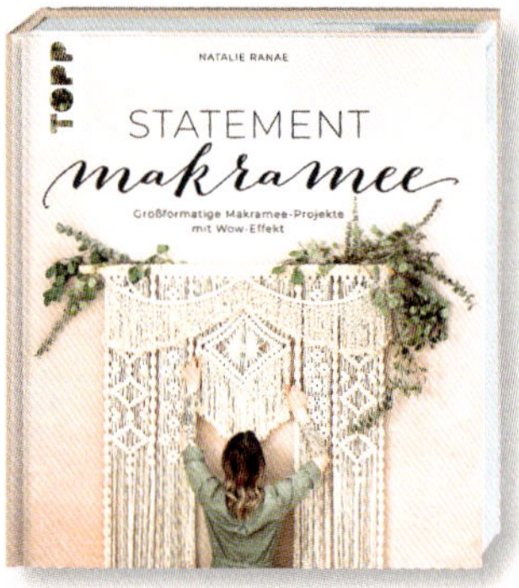

ISBN: 978-3-7358-5039-3

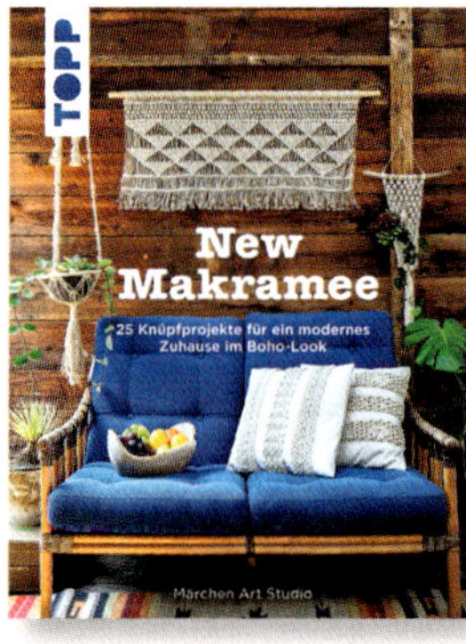

ISBN: 978-3-7724-5097-6

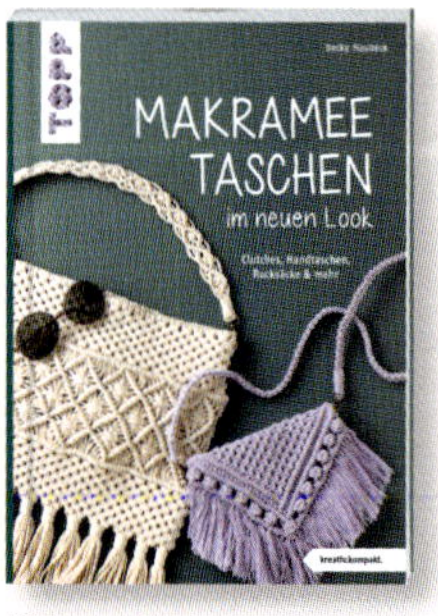

ISBN: 978-3-7358-5026-3

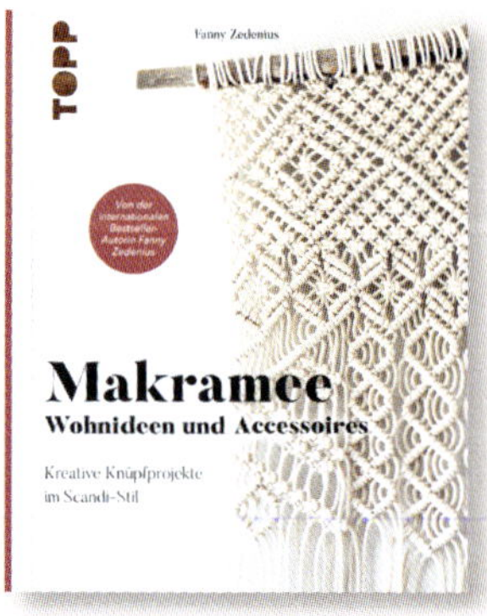

ISBN: 978-3-7724-4594-1

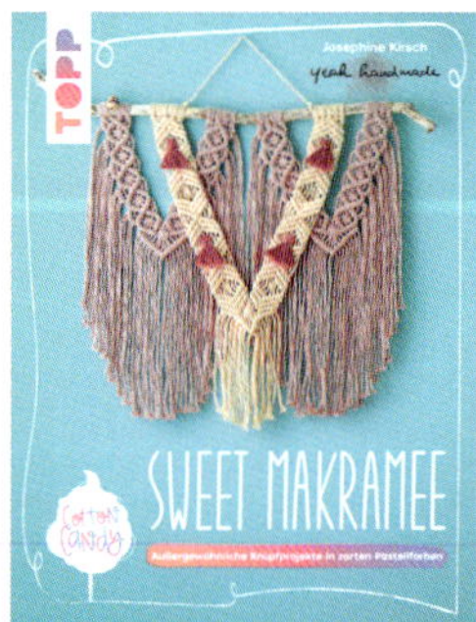

ISBN: 978-3-7724-4628-3

VIELE WEITERE KREATIV-BÜCHER FINDEN SIE AUF WWW.TOPP-KREATIV.DE

IMMER INFORMIERT, IMMER INSPIRIERT – DIE GANZE WELT VON TOPP AUCH IM NETZ

Webseite

Die neuesten Trends, die schönsten Kreativbücher und die aktuellsten Informationen auf unserer Webseite
Schauen Sie mal vorbei und stöbern Sie in unserem riesigen Angebot von mehr als 1000 Kreativbüchern, Sets und mehr:

www.TOPP-kreativ.de

Newsletter

Bunt, überraschend und immer aktuell – immer auf dem Laufenden mit unserem Newsletter
Noch heute anmelden und regelmäßig Informationen, Tipps und Neuheiten erhalten:

www.TOPP-kreativ.de/Newsletter

Facebook

Werden Sie Teil unserer Communitys Mitstrickzentrale fürs Handarbeiten und Bastelzentrale für die Themen Basteln, Bauen, Dekorieren & DIY.
Sie finden uns unter:

www.facebook.com/Mitstrickzentrale
www.facebook.com/Bastelzentrale

Digitale Bibliothek

Tutorial-Videos, Plotter-Dateien, Vorlagen zum Ausdrucken, Übungsblätter etc.
Zu vielen TOPP-Büchern gibt es digitale Extras. Schauen Sie im Impressum nach (die letzte Seite des Buches): Wenn dort ein Freischaltcode abgedruckt ist, dann besuchen Sie die Digitale Bibliothek auf unserer Webseite, registrieren Sie sich einmalig und schalten Sie Ihre Zusatzmaterialien frei:

www.TOPP-kreativ.de/DigiBib

Instagram

Live dabei mit ständig aktuellen News aus dem frechverlag
Wollen Sie wissen, was bei uns gerade passiert und woran wir arbeiten? Dann folgen Sie uns auf Instagram. Möchten Sie uns an Ihren Kreativprojekten teilhaben lassen? Dann posten Sie doch gleich ein Foto mit dem Hashtag **#frechverlag** und wir stellen Ihr Werk gerne der Community vor:

www.Instagram.com/frechverlag

Pinterest

Neue Bücher, neue Ideen und die Menschen, die sie machen
Sie sind auf der Jagd nach den neuesten Ideen und aktuellen Trends im DIY-Bereich? All das gibt es auf den Pinnwänden des frechverlags unter:

www.Pinterest.com/frechverlag

Youtube

Ein Video sagt oft mehr als tausend Worte
Sie möchten neue Techniken ausprobieren, Autoren kennenlernen oder einmal hinter die Kulissen unserer Buchproduktionen schauen? Dann abonnieren Sie den Kanal des frechverlags unter:

www.YouTube.com/frechverlag

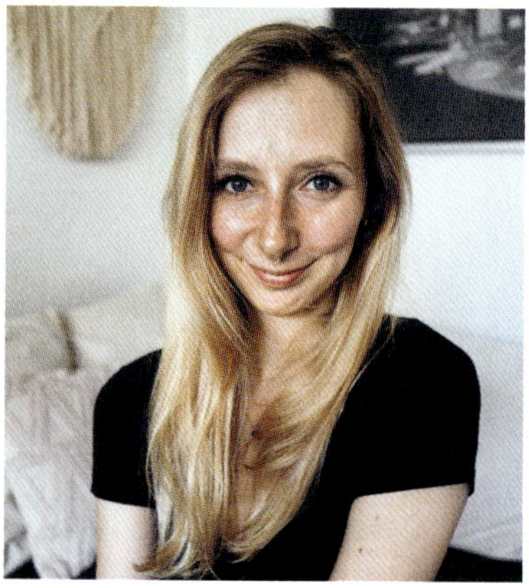

JOSEPHINE KIRSCH

Ich bin DIY-Bloggerin auf Yeah Handmade und teile meine kreativen Ideen zu den Themen Dekoration, Geschenke, Makramee & Co. Auf meinem Instagram Account @yeah_handmade lasse ich meine Leser an meinem kreativen Chaos teilhaben. Schon in meiner Kindheit habe ich Armbänder geknüpft, doch erst durch den wiederkommenden Makramee-Trend in den letzten Jahren bin ich der Technik komplett verfallen. Ich probiere mich gerne an neuen Mustern und Formen aus. Makramee ist die perfekte Entschleunigung für mich.

KREATIV-HOTLINE

Hilfestellung zu allen Fragen, die Materialien und Bastelbücher betreffen:

Frau Erika Noll berät Sie.
Rufen Sie an: 0711/12375720
(normale Telefongebühren)

E-Mail: mail@kreativ-service.info

IMPRESSUM

FOTOS: frechverlag GmbH, Dieselstr. 5, 70839 Gerlingen; lichtpunkt, Michael Ruder, Stuttgart (alle Modellfotos); Josephine Kirsch (alle Schrittfotos, Autorenfoto)

PRODUKTMANAGEMENT UND LEKTORAT: Laila Prota, Anna Hamm

COVERGESTALTUNG: Melanie Herrmann

LAYOUTGESTALTUNG UND SATZ: Dagmar Herrmann, www.two-up.de

HERSTELLUNG: Heike Köhl

DRUCK: BALTO print, Litauen

Materialangaben und Arbeitshinweise in diesem Buch wurden von der Autorin und den Mitarbeitern des Verlags sorgfältig geprüft. Eine Garantie wird jedoch nicht übernommen. Autorin und Verlag können für eventuell auftretende Fehler oder Schäden nicht haftbar gemacht werden. Das Werk und die darin gezeigten Modelle sind urheberrechtlich geschützt. Die Vervielfältigung und Verbreitung ist, außer für private, nicht kommerzielle Zwecke, untersagt und wird zivil- und strafrechtlich verfolgt. Dies gilt insbesondere für eine Verbreitung des Werkes durch Fotokopien, Film, Funk und Fernsehen, elektronische Medien und Internet sowie für eine gewerbliche Nutzung der gezeigten Modelle. Bei Verwendung im Unterricht und in Kursen ist auf dieses Buch hinzuweisen.

MIX
Papier | Fördert gute Waldnutzung
FSC® C107574
FSC www.fsc.org

Penguin Random House Verlagsgruppe
FSC® N001967

3. Auflage 2025

© 2023 frechverlag GmbH, Dieselstr. 5, 70839 Gerlingen, einem Unternehmen der Penguin Random House Verlagsgruppe GmbH, München,
produktsicherheit@frechverlag.de

ISBN 978-3-7358-5119-2 • Best.-Nr. 25119